Carlo M. Martini

Wer in der Prüfung bei mir bleibt

Carlo M. Martini

Wer in der Prüfung bei mir bleibt

Von Ijob zu Jesus

Herder
Freiburg · Basel · Wien

Titel der Originalausgabe:
AVETE PERSEVERATO CON ME NELLE MIE PROVE
© Edizioni Piemme S.p.A., Casale Monferrato (AL) 1990
© Centro Ambrosiano, Milano 1990

Aus dem Italienischen übersetzt von
MICHAELA GERBERICH

Umschlagbild: *Christus am Ölberg.*
Gemälde von Paul Gauguin (1889);
West Palm Beach, Norton Gallery

Alle Rechte vorbehalten – Printed in Germany
© Verlag Herder Freiburg im Breisgau 1991
Herstellung: Ebner Ulm 1991
ISBN 3-451-22339-2

Vorwort

„In all meinen Prüfungen habt ihr bei mir ausgeharrt" (Lk 22,28). Unter dieses Leitwort stellte Carlo Maria Kardinal Martini, der Erzbischof von Mailand, einen Exerzitienkurs, den er im Sommer 1989 für eine Gruppe von Priestern aus seiner Diözese gehalten hat.

Das tröstende Wort, das Jesus vor seinem Leiden den Jüngern zuspricht, hält uns vor Augen, wie sehr das Leben des Christen und das menschliche Leben überhaupt von Erfahrungen des Leidens geprägt ist. Darum wurde als Grundtext, über den in diesen Exerzitien nachgedacht werden soll, das *Buch Ijob* gewählt, auch wenn die Meditation auf andere Stellen des Alten und Neuen Testaments übergreifen wird.

Die Erzählung von diesem geheimnisvollen Mann, der nicht dem erwählten Volk angehörte und weit weg von ihm lebte, wurde vielleicht schon gegen Ende des zweiten Jahrtausends v. Chr. unter den Weisen des Orients weitergegeben. Eine Bearbeitung im Hebräischen erfuhr sie erst viel später.

Ijob, ein Gerechter, der sich dessen auch bewußt war, wird auf die Probe gestellt, alles wird ihm genommen. Auch die Israeliten im Babylonischen Exil hatten alles verloren. Das stellte ihren Glauben an die Gerechtigkeit Gottes in Frage, auf die sie einen Anspruch erheben zu können glaubten. Auf der Suche danach, den verborgenen Sinn des Leidens zu verstehen, das über jene hereinbricht, die gerecht vor Gott handeln, dürften sie wohl

5

auch die Klagen Ijobs gelesen und gesungen haben. Darf der Mensch von Gott Rechenschaft über sein Handeln verlangen? Der Dichter widerspricht dem: Was nottut, ist nicht, Gottes Gründe zu erforschen, vielmehr an seine Gerechtigkeit und seine unfaßbare Weisheit zu glauben.

Mit geistlicher Tiefe und großem seelsorgerlichem Gespür geht der Kardinal wichtigen Textabschnitten aus dem Buch Ijob nach, die dabei helfen, das Geheimnis Gottes und das Geheimnis des Menschen zu erhellen. Der Einsatz in diesem Spiel, wie es der Dialog der ersten zwei Kapitel zwischen Satan und Gott darstellt, erscheint „wie eine Wette auf den Menschen: Ist der Mensch fähig, aus einer bedingungslosen Liebe heraus zu handeln oder nicht?"

Ijobs Problem hat zunächst etwas mit seinem Glauben zu tun. Im gläubigen Leben hat das Spekulieren keinen Platz, denn der Erhabenheit der Gnade muß die freie Hingabe entsprechen. Von den Verbrechen, derer ihn die Freunde beschuldigen, hat Ijob keines begangen, aber er hat sich des Vergehens des religiösen Menschen schlechthin schuldig gemacht, indem er sich zum Richter über Gott erhoben hat. Die Überlegungen des Erzbischofs sind Anfragen an die Qualität unseres Glaubens und unseres Betens als Unterwerfung des ganzen Lebens unter das unvergleichliche Geheimnis Gottes und an den Gehorsam des Geistes. In einem einzigartigen Vergleich des Ijob-Buches mit dem Hohenlied erscheint die Suche Ijobs schließlich als ein Problem der Liebe.

Um die Lektüre dieser Meditationen fruchtbar werden zu lassen, bedarf es einer geistlichen Aufgeschlossenheit, die die Mittelmäßigkeit flieht und in der Seele die Sehnsucht nach Gott weckt. Es ist ein interessantes Ziel, das der Erzbischof diesem Kurs steckt: *die Hinwendung zum Geist des Gebets.* In einer Atmosphäre des Ge-

6

betes werden die Seiten dieses Buches zu Licht, Nahrung, Kraft, Anstoß und zum Trost.

Zudem wird uns bewußt, daß alle Menschen guten Willens bereits auf der Suche nach Gott sind und mit der Art und Weise konfrontiert werden, in der der Allmächtige seine Schöpfung leitet. Zugleich spüren sie in sich selbst den Anspruch des Gewissens an ihr Handeln.

Wir lernen, die Wirklichkeit Gottes von unserer Kleinkariertheit und unseren zum Zwecke der Selbstrechtfertigung gemachten Moralvorstellungen zu befreien. Denn der Glaube zielt zuerst auf das Unvermögen, die göttliche Liebe zu begreifen, die uns zuvorkommt und uns übersteigt. Diese Liebe, an die der Christ glaubt, wenn er auf das Kreuz blickt, macht uns fähig zu lieben, ohne etwas dafür zu erwarten, zu lieben auch in der Prüfung und in der Bedrängnis. Wir werden ermuntert, zu wachsen in dem Glauben, der liebt und der hofft, und nach einer Beziehung zum Herrn zu verlangen, in der sich unsere Freiheit abspielt.

Gott, der sich uns in seinem Bund schenkt, verlangt nur unsere Liebe und unsere leidenschaftliche Hingabe.

Inhalt

Einführung

„Vater, wir danken dir dafür, daß du uns von überallher hier zusammengerufen hast, damit wir dein Wort hören und die Gnade der Liebe und des Erbarmens deines Sohnes empfangen und unsere Herzen vom Heiligen Geist stärken und trösten lassen, der Liebe und Frieden selbst ist.

Wir bitten dich, deinen Geist der Liebe und des Friedens in jedem von uns zu vertiefen. Ich danke dir besonders für die Erfahrungen, die ich in Santiago de Compostela zusammen mit dem Papst und Hunderttausenden von Jugendlichen machen durfte: für den Glauben und die Hoffnung, die wir miteinander geteilt haben, für die Gaben, die uns geschenkt wurden, als wir die Zukunft der Kirche betrachtet haben, die reich an Hingabebereitschaft, Mut und Freude ist.

Mache uns zu Dienern dieser Jugend, die viel sucht und viel erwartet. Vater, wir stehen vor dir und sind uns unserer Armut bewußt: daß wir nicht wissen, was wir sagen oder denken sollen. Wir vertrauen darauf, daß alles, was wir vermögen, in dir seinen Ursprung hat, in der Gnade des Heiligen Geistes, in der Gnade des Dienstes im Neuen Bund. Maria, Jungfrau und Mutter Jesu und unsere Mutter, leite uns auf unserem Weg. Du bist durch viele Prüfungen hindurchgegangen, dein Herz hat ein Schwert des Schmerzes durchbohrt. Hilf uns, den Sinn der Prüfungen zu entdecken, in denen wir mit der Menschheit und der Kirche leben."

Den Geist des Gebetes erneuern

Das grundlegende Ziel, das wir uns für diese geistliche Einkehr vornehmen wollen, ist die Umkehr, das Verlangen nach Gott, das uns immer mehr verwandelt. Von den vielen Möglichkeiten der Umkehr, die jeder in seinem Leben für sich selbst finden kann, möchte ich eine hervorheben: die Notwendigkeit, *den Geist des Gebetes zu erneuern*. Wir bedürfen dieser Erneuerung, da die vielen Pflichten im Laufe des Jahres zu einer Verarmung dieser Geistesgabe führen.

Besinnen wir uns in dreifacher Hinsicht auf diesen Geist des Gebetes:

– in der Zeit, die wir uns für das Gebet nehmen: sie kann reichlicher ausfallen;

– in unseren Gewohnheiten zu beten, die dazu neigen auszufransen und die wir im Tagesablauf wieder einüben können;

– in der Art und Weise des Betens, die bestimmt werden sollte durch drei Haltungen: zunächst durch die Haltung der *Ehrfurcht*, die Gott entgegengebracht wird und die in den Worten, in der Körperhaltung, in der Aufmerksamkeit und im Schweigen zum Ausdruck kommt; sodann durch die vorbehaltlose *Unterwerfung* unseres Seins unter das Geheimnis Gottes, die liebende Ehrerbietung; schließlich durch die *Leidenschaft*, denn das Gebet ist ein Akt der Leidenschaft. In schwierigen Lebensumständen bleiben die Gefühle bisweilen im Untergrund oder sogar im Unterbewußten; jetzt aber müssen wir sie hervortreten lassen, damit wir lernen, der Gleichgültigkeit, die uns umgibt, zu widerstehen. Wenn unser Gebet nicht von einer tiefen Leidenschaft für Gott erfüllt ist, können wir auch nicht gegen die Gottlosigkeit in unserer Gesellschaft wirksam angehen.

Um zu diesem Geist des Gebetes zurückzufinden,

denken wir über ein Wort Jesu beim letzten Abendmahl nach, das uns Hilfe sein kann: „In allen meinen Prüfungen habt ihr bei mir ausgeharrt" (Lk 22,28).

Das Thema der Exerzitien

Diese Feststellung Jesu ist sehr schön. Und wenn wir ihn am Ende unseres Lebens sagen hören: „Du hast bei mir ausgehalten in meinen Prüfungen", wird uns große Freude erfüllen. Interessant ist, daß Jesus dieses Wort kurz nach dem Streit der Apostel sagt – „Es entstand unter ihnen ein Streit darüber, wer von ihnen wohl der Größte sei" (Lk 22,24).

Ausgehend von einem Wortwechsel also, in dem die Ambitionen, die Spannungen, die kleinen Eifersüchteleien ans Licht kommen, die unter den Aposteln bestehen, lehrt Jesus, daß derjenige, der der Größte sein will, dienen muß. Und er fügt gleich darauf hinzu: „Ihr habt bei mir ausgeharrt in all meinen Prüfungen." Jesus hat nicht die Vorstellung, die Zwölf hätten schon einen hohen Grad an Heiligkeit erreicht. Er weiß aber, daß uns auch dort ein großes gläubiges Vertrauen gegeben ist, wo wir fehlerhaft, schwach und armselig sind.

Als Einführung in die nachfolgenden Meditationen denken wir über einzelne Wörter der Evangelienperikope nach: die *Prüfungen*, das *Ausharren* in Prüfungen, *meine* Prüfungen, das Ausharren *bei mir*.

1. Das griechische Wort *peirasmòs* erscheint recht oft in der Heiligen Schrift. Ursprünglich bedeutet es „Erforschung" oder „Probe". Es versucht herauszufinden, wieviel jemand wert ist, wie gläubig er ist, wie sehr er widerstehen kann, wieviel Kraft er hat.

Zu dieser ursprünglichen Bedeutung kommen in der

Bibel zwei weitere hinzu: a) die *Versuchung*, die den Anstoß zur Sünde meint, der von einer Art böser Macht ausgeht oder zumindest seinen Grund in ungesunden Neigungen des Bösen in der Welt hat. Es ist die wirkliche und eigentliche Versuchung, mit der das menschliche Leben verflochten ist; b) die *Prüfung*, auf die sich der Zuspruch Jesu bezieht und die auch von Gott kommen kann. Sie weist auf all die vielen Situationen hin, in denen wir Leid und Schwierigkeiten erfahren. Sie gehören mit zum Weg des Wortes in uns. In ihnen wächst es auf dem Boden des menschlichen Herzens. So lesen wir im Gleichnis von dem Samen, der auf steinigen Boden fällt: „Auf den Felsen ist der Same bei denen gefallen, die das Wort freudig aufnehmen, wenn sie es hören; aber sie haben keine Wurzeln. Eine Zeitlang glauben sie, doch in der Prüfung werden sie abtrünnig" (Lk 8,13).

Somit ist das Wort, das in das menschliche Herz dringt, der Versuchung ausgesetzt. Der Evangelist Matthäus nennt einige solcher Versuchungen: „Auf felsigen Boden ist der Samen bei dem gefallen, der das Wort hört und sofort freudig aufnimmt, aber keine Wurzeln hat und unbeständig ist; sobald er um des Wortes willen bedrängt oder verfolgt wird, kommt er zu Fall" (Mt 13,20–21).

Prüfung, Versuchung, Bedrängnis, wie auch immer man sagen mag, bezeichnet Situationen, die den Menschen auf dieser Erde geläufig und vertraut sind und in die besonders der „Gerechte" gerät, der Gott vertrauen und auf seinen Wegen gehen will.

Im Buch *Ijob* faßt der Dichter diese Wahrheit in die Frage: „Ist nicht Frondienst des Menschen Leben auf der Erde?" (Ij 7,1a). Die Neue Jerusalemer Bibel merkt hier an, daß „Frondienst" sich am ehesten auf die Bedingungen im Militärdienst bezieht, also auf Kampf und Einsatz. Die Septuaginta übersetzt diesen Ausdruck ins

Griechische mit „Prüfung" und bezieht dies gerade auf die Prüfung der menschlichen Existenz. Die Vulgata indessen bringt die berühmte Wendung: „militia est vita hominis super terram", die in das 13. Kapitel des I. Buches der *Nachfolge Christi: De tentationibus resistendis*, ,Man soll den Versuchungen zum Bösen Widerstand leisten' eingegangen ist. Dieses sehr bekannte Kapitel beginnt mit den Worten: „Solange wir in der Welt leben, können wir ohne Anfechtung und Drangsal nicht sein. Darum steht bei Job geschrieben: ,Frondienst ist des Menschen Leben auf Erden' (Job 7,1)."[1]

Ijob fährt fort:
„Sind nicht seine (des Menschen) Tage die eines
  Tagelöhners?
Wie ein Knecht ist er, der nach Schatten lechzt,
wie ein Tagelöhner, der auf den Lohn wartet.
So wurden Monde voll Enttäuschung mein Erbe,
und Nächte voller Mühsal teilte man mir zu.
Lege ich mich nieder, sage ich: Wann darf ich aufstehn?
Wird es Abend, bin ich gesättigt mit Unrast, bis es
  dämmert.
Mein Leib ist gekleidet in Maden und Schorf,
meine Haut schrumpft und eitert.
Schneller als das Weberschiffchen eilen meine Tage,
der Faden geht aus, sie schwinden dahin.
Denk daran, daß mein Leben nur ein Hauch ist"
                                    (7,1b–7a).

Die Neue Jerusalemer Bibel merkt dazu an:
  „Ijob, der sich solidarisch mit der leidenden Menschheit weiß und sich in das Todeslos fügt, bringt in einem

---

1 Zitiert nach: Thomas von Kempen, Nachfolge Christi. Herausgegeben und eingeleitet von Hans Norbert Janowski (Zeugnisse mystischer Welterfahrung) (Olten 1978) S. 119.

nur angedeuteten Gebet die Bitte vor, Gott möchte ihm vor seinem Tod ein wenig Frieden schenken" (S. 726).

In dieser Schriftstelle aus dem Alten Testament wird die Existenz des Menschen ganz konkret als Prüfung dargestellt.

2. Jesus, der sich auf diese Prüfung bezieht, sagt: „Ihr *habt ausgeharrt*" – im Griechischen heißt es einfach: „Ihr seid übriggeblieben", also: ihr seid nicht weggegangen. Jesus lobt die Jünger: Ihr habt so viel erlitten, daß ihr euch hättet davonmachen können, doch ihr habt es nicht getan.

Hierbei erinnern wir uns an die Episode Joh 6,67 f., in der Jesus die Zwölf, nachdem viele der anderen Jünger ihn verlassen haben, fragt: „Wollt auch ihr weggehen?" Und Petrus antwortet: „Herr, zu wem sollen wir gehen?" Jesus bestätigt, daß die Apostel bis zum letzten Augenblick geblieben sind, ausgehalten und ihn nicht verlassen haben.

Die Vorstellung des Aushaltens findet sich – in verschiedenen Ausdrücken – häufig in der Schrift, z. B. bezeichnet *„Festhalten* am Wort" die Geduld, die Ausdauer und Widerstandskraft besitzt: „Auf guten Boden ist der Samen bei denen gefallen, die das Wort mit gutem und aufrichtigem Herzen hören, daran festhalten und durch ihre Ausdauer Frucht bringen" (Lk 8,15). Der Mensch besteht die Situation der Prüfung, indem er sie aushält, Ausdauer und Widerstandskraft hat und am Wort festhält. Während Prüfung darauf ausgerichtet ist, daß er einen Rückzug macht, ihn dazu verleitet, den Mut sinken zu lassen, ist die genau entgegengesetzte Haltung nicht notwendigerweise die des sofortigen Sieges, sondern eher die des Widerstehens, des Festbleibens, des Beharrens. Der Evangelist Johannes gebraucht hier ein sehr einfaches Verb: *ménein*, das so etwas ähnliches ausdrückt. „Wenn ihr in mir bleibt", sagt Jesus, „und wenn meine Worte in euch bleiben, dann bittet um alles, was ihr wollt: Ihr werdet es erhalten" (Joh 15,7). Das „Bleiben in Jesus" ist also die Art und Weise, der Prüfung entgegenzutreten.

3. „In allen *meinen* Prüfungen habt ihr bei mir ausgeharrt", nicht „in Prüfungen" allgemein.

Diese nähere Bezeichnung läßt die ganze menschliche Existenz in anderem Licht erscheinen.

Fragen wir uns: Worin bestehen die Prüfungen Jesu?

– Die Evangelien geben uns auf diese Frage nur wenige Anhaltspunkte. Sie reichen jedoch aus, um zu verstehen, daß auch Jesus Versuchungen und Prüfungen zu bestehen hatte.

„Danach trieb der Geist Jesus in die Wüste. Dort blieb Jesus vierzig Tage lang und wurde vom Satan in Versuchung geführt", so beginnt Markus seine Erzählung vom öffentlichen Leben Jesu (Mk 1,12 f.). Indem er die Prüfungen an dessen Anfang stellt, will er darauf hinweisen, daß Jesus nicht nur einmal versucht war, sondern daß sein ganzes Leben unter dem Zeichen der Prüfung stand.

Der Hebräerbrief eröffnet uns einen weiteren Einblick: „Wir haben ja nicht einen Hohenpriester, der nicht mitfühlen könnte mit unserer Schwäche, sondern einen, der *in allem* wie wir *in Versuchung geführt worden ist,* aber nicht gesündigt hat" (Hebr 4,15). „In allem", also in allen konkreten Lebenssituationen, den schwierigen, bedrückenden, beschwerlichen, abstoßenden, durch die Jesus gegangen ist und die er mit den Zwölfen geteilt hat.

– Der Ausdruck „meine Prüfungen" ist nicht auf das historische Umfeld Jesu von Nazaret beschränkt; er spricht von sich als dem Messias, als dem, der die Existenz des ganzen Volkes Gottes in sich zusammenfaßt, den Weg dieses Volkes zum Vater. Darum müssen wir sie auf die *Prüfungen des Messias, des Königs* beziehen.

19

Die Apostel waren in solche Prüfungen mit einbezogen, sie wurden erforscht, gesiebt und zerrieben. Viele unserer Prüfungen als Glaubende haben ihren Ursprung in konkreten Situationen der geschichtlichen und sozialen Wirklichkeit, in denen wir uns erkennen: als katholische Kirche mit ihren Problemen, Mühen, Sorgen und Schwierigkeiten. Dies sind die Prüfungen Jesu als Haupt des messianischen Volkes.

– Mehr noch: Von dem Augenblick an, da Jesus Menschensohn ist, macht er sich die Prüfungen jedes Mannes und jeder Frau auf Erden zu eigen und durchlebt sie; er ist das *Haupt der Menschheit*, und seine Prüfungen erstrecken sich auf die unermeßliche Zahl von Menschen, die die Erde zu aller Zeit bevölkert haben und bevölkern werden.

Indem wir in die Erfahrung des Lebens hineinwachsen, wachsen wir auch in die Teilhabe an diesen Prüfungen hinein, da wir die Kirche, das Volk besser kennenlernen und wir unsere Freundschaft auf viele Personen ausdehnen und mit ihnen leiden.

So nehmen wir heute die Prüfungen des Nahen Osten als die unseren an, wie sie der Papst empfindet, wir lesen von ihnen in der Zeitung, werden mit ihnen im Fernsehen konfrontiert, kennen auch Menschen aus diesen Ländern.

Auch die Prüfungen Chinas sind die unseren, ebenso wie die des sehr armen Indiens; Prüfungen schrecklichen Elends, des Hungers der Völker in Lateinamerika und Afrika; die Prüfungen Israels, des hebräischen Volkes, des erwählten Volkes mit all seinen Problemen und Kommunikationsschwierigkeiten sind auch unsere Prüfungen.

All das bedrückt, verwirrt und beunruhigt uns, weil es unseren Glauben, unsere Hoffnung, unsere mitmenschliche Liebe, unsere Geduld, unsere Ausdauer und unseren Sinn für Grenzen auf seinen Wert hin prüft. Aber genau das sind die Prüfungen, die Jesus „die meinen" nennt.

Darüber hinaus erlebt jeder von uns die Prüfungen derer, die ihm anvertraut sind: von Leuten aus der Gemeinde, Jugendlichen, von jenen, denen gegenüber wir eine besondere Aufgabe haben. Jeder wird auf seine Weise überschwemmt von den Leiden dieser Menschen, auch der eigenen Mitbrüder und -schwestern, aller, die wir lieben.

All das sind die Prüfungen Jesu, des Messias, des Menschensohnes, der das Haupt des messianischen Volkes, der Menschheit ist. An ihnen haben wir tatsächlich Anteil, nicht nur in Gedanken; wir teilen sie zuinnerst.

4. „In allen meinen Prüfungen habt ihr *bei mir* ausgeharrt." Die Prüfungen sind nicht einfachhin objektiv, als wären es Felsen oder Wogen, die auf uns herabstürzen. Indem Jesus „mit mir" sagt, gibt er ihnen einen anderen Beigeschmack, unterstreicht er einen Aspekt des Gefühls, der sehr persönlich und tief ist. Wir erleiden die Prüfungen mit ihm, weil wir ihn lieben und mit ihm eng verbunden sind. Er lädt uns ein, in dieses Leben einzutreten, um die Prüfungen zu benennen und sie so besser zu verstehen; es ist tatsächlich wichtig, den Prüfungen ins Auge blicken zu können.

Oft fühlen wir uns bedrückt, gelähmt, frustriert von etwas, was wir nicht kennen. Der Herr lädt uns ein, unsere Schwierigkeiten beim Namen zu nennen, sie aufzuzählen, um dann zu erkennen, wie wir ihnen mit ihm zusammen begegnen können. Denn die grundlegende Weisheit des Menschen und des Christen besteht darin, den Sinn der Prüfungen für das Leben zu sehen und sie in Treue zu leben.

Und je mehr jemand liebt, je mehr er dient und sich verfügbar macht, desto größer werden die Prüfungen.

Wenn wir uns hingegen abkapseln, wenn wir die Menschen meiden und nur um uns selbst besorgt sind, werden wir nur die Prüfung der persönlichen Frustration erfahren.

Der Apostel Jakobus beginnt seinen Brief mit der Ermahnung: „Seid voll Freude, meine Brüder, wenn ihr in mancherlei Versuchungen geratet. Ihr wißt, daß die Prüfung eures Glaubens Ausdauer bewirkt. Die Ausdauer aber soll zu einem vollendeten Werk führen; denn so werdet ihr vollendet und untadelig sein, es wird euch nichts mehr fehlen" (Jak 1,2–4). Und etwas später fügt er hinzu: „Glücklich der Mann, der in der Versuchung standhält. Denn wenn er sich bewährt, wird er den Kranz des Lebens erhalten, der denen verheißen ist, die Gott lieben" (Jak 1,12). Das ist die Zusammenfassung des menschlichen Lebens, wie Jakobus sie uns bietet. Seine Worte bringen die große Weisheit des ganzen Neuen Testaments zum Ausdruck.

In dieser Absicht äußert sich auch die Offenbarung – der Text schlechthin für Christen in der Prüfung: „Du hast dich an mein Gebot gehalten, standhaft zu bleiben" – du hast es also standhaft bewahrt – „daher werde auch ich zu dir halten und dich bewahren vor der Stunde der Versuchung, die über die ganze Erde kommen wird, um die Bewohner der Erde auf die Probe zu stellen" (Offb 3,10). Dieser Gedanke der kosmischen, der universalen Prüfung kehrt in unserer Zeit öfter wieder, vor allem in bestimmten Vorhersagen apokalyptischer Prägung. Darauf mag auch das Gebet hinweisen, das wir täglich beten: „Führe uns nicht in Versuchung", laß nicht zu, daß wir in der großen Prüfung fallen.

Dennoch müssen wir wissen, was diese globale kosmische Prüfung für uns bedeutet, in der wir stecken und die wir oft nicht wahrnehmen, während sie doch unser ganzes konkretes Leben mitbestimmt.

Das Buch Ijob

Das Thema der Exerzitien berührt also einen Aspekt, der das Leben dauernd bestimmt, aber es nicht traurig machen muß. Ja noch mehr: In der Weise, wie wir einer Prüfung gegenübertreten, liegt die einzige Garantie für Ausgeglichenheit im Leben. Es geht nicht darum, sie zu verdrängen, vielmehr sie zu leben. Darin besteht die einzigartige Freude des Christen.

Treten wir vor Jesus, der uns sagt: Du willst mit mir ausharren in meinen Prüfungen; ich will dir helfen, dir die Hand reichen, will dich einladen zu beten, dich zu besinnen, deinen Prüfungen ins Gesicht zu schauen, sie genau zu benennen, um sie dem Nebel zu entziehen. Dann will ich dir dabei helfen, sie liebend anzunehmen, wie ich das Kreuz umarmt habe.

„Gewähre uns, Herr, daß wir an deinem Mut teilhaben, daß wir eintreten in deine Wahrheit, damit wir die Freude dessen erfahren, der sich begeistert dem Leben als Prüfung stellt."

Wenn wir die Seiten der Heiligen Schrift durchblättern, die die Themen Kampf, Prüfung und Versuchung zum Inhalt haben, bleiben wir bei Ijob stecken, dem Buch über *die Prüfung des Menschen*, dessen aufmerksame Lektüre ich empfehle. Außerdem möchte ich anregen, einige Kapitel der *Nachfolge Christi* zu lesen, eines zu Unrecht in Vergessenheit geratenen Buches, in dem das Leben des Menschen unter dem Aspekt des Kampfes betrachtet wird. Das bedeutende Werk ist reich an Weisheit, es wirkt ausgeglichen und heiter, vor allem weil sein Autor in seinem eigenen Leben durch viele Versuchungen und Prüfungen hindurchgegangen war. Diesen Eindruck haben auch die Väter gewonnen, die das Buch Ijob kommentierten: So fand etwa Gregor der Große, dieser herausragende Papst, der das ganze Leben als Prüfung ansah, großen Trost und Zuspruch beim betrachtenden Lesen des Ijob-Buches.

Lassen wir uns von solch großen Meistern im Glauben führen und beten wir, indem wir das Wort Jesu im Lukas-Evangelium bedenken:

„Herr, laß mich meinen Prüfungen ins Auge blicken, laß mich sie bewußt annehmen, mach mich fähig, die Prüfungen meiner Mitmenschen in dem Bewußtsein zu bestehen, dadurch an den Prüfungen der Kirche und der ganzen Menschheit in diesem entscheidenden Moment der Weltgeschichte teilzuhaben."

Erste Meditation

Einführung
in das Geheimnis der Prüfung

„Herr, laß uns in diese Wirklichkeit der Prüfung immer tiefer eindringen. Sie ist nicht einfach eine Tatsache, sie ist ein Geheimnis, denn sie macht uns deutlich, daß wir ein Teil der Leidensgeschichte sind und zugleich dir angehören. Wir sehnen uns danach, dich zu erkennen und mit unserem Herzen und unserem Geist in dein unaussprechliches Geheimnis einzudringen. Vater, entzünde du also in uns den kleinen Funken der Betrachtung deines Geheimnisses, auch durch die Erfahrung der Prüfung hindurch."

Das Buch Ijob ist faszinierend und schwierig zugleich; der heilige Hieronymus vergleicht es mit einem Aal, der, versucht man ihn zu ergreifen, sogleich entschlüpft.

Zu diesem geheimnisvollen Buch mit all seinen Rätseln sprachlicher, geschichtlicher, literarischer und exegetischer Art soll uns die Betrachtung der wichtigsten Textstellen einen ersten Zugang eröffnen.

Beginnen wir mit den beiden ersten Kapiteln. Sie bilden die Prosaeinleitung zu dem eigentlichen lyrischen Text.

Der Prolog des Ijob-Buches

In dieser Erzählung gibt es drei Hauptpersonen:
– *Ijob*, der im Lande Uz lebte, also weit außerhalb der

Grenzen Israels. „Dieser Mann war untadelig und rechtschaffen; er fürchtete Gott und mied das Böse." Er war ein reicher Mann: „Sieben Söhne und drei Töchter wurden ihm geboren. Er besaß siebentausend Stück Kleinvieh, dreitausend Kamele, fünfhundert Joch Rinder und fünfhundert Esel, dazu zahlreiches Gesinde. An Ansehen übertraf dieser Mann alle Bewohner des Ostens" (Ij 1,1–3).

– Die zweite Hauptfigur des Prologs ist *Satan,* der Ankläger, eine geheimnisvolle Figur. Er tritt vor dem Hofstaat Gottes auf als der, der die Taten der Menschen in ein negatives Licht rückt. Er ist es, der verlangt, daß Ijob versucht wird.

– Die dritte Figur des Dramas ist *Gott.* Von seinem Thron aus verfolgt er die Taten der Menschen und hat sie auf eine bestimmte Weise präsent.

Die Erzählung wird von *zwei Gelegenheiten* oder *Prüfungen* bestimmt:

– Ijob wird in seinem Besitz versucht. „Da kam ein Bote zu Ijob und meldete: Die Rinder waren beim Pflügen, und die Esel weideten daneben. Da fielen Sabäer ein, nahmen sie weg und erschlugen die Knechte mit scharfem Schwert. Ich ganz allein bin entronnen, um es dir zu berichten. Noch ist dieser am Reden, da kommt schon ein anderer und sagt: Feuer Gottes fiel vom Himmel, schlug brennend ein in die Schafe und Knechte und verzehrte sie. Ich ganz allein bin entronnen, um es dir zu berichten." Der dritte Bote verkündet den Diebstahl der Kamele und der vierte den Tod seiner Söhne und Töchter durch einen großen Sturm, der um das Haus brauste, in dem sie aßen und tranken (vgl. Ij 1,13–19).

Auf diese sicherlich sehr harte Prüfung reagiert Ijob mit einem Verhalten, das wie folgt beschrieben wird:

„Nun stand Ijob auf, zerriß sein Gewand, schor sich das Haupt, fiel auf die Erde und betete an. Dann sagte er:

Nackt kam ich hervor aus dem Schoß meiner
  Mutter;
nackt kehre ich dahin zurück.
Der Herr hat gegeben, der Herr hat genommen;
gelobt sei der Name des Herrn.
Bei alldem sündigte Ijob nicht und äußerte nichts Un-
gehöriges gegen Gott" (Ij 1,20–22).
– Darauf sucht Satan nach einer zweiten Gelegenheit,
Ijob zu prüfen, und schlägt ihn mit einem bösartigen
Ausschlag „von der Fußsohle bis zum Scheitel" (2,7). Seiner körperlichen Unversehrtheit beraubt und ohne seinen großen Besitz, gilt Ijob als ein von Gott Verdamm-
ter; er geht weg von seinem Haus und setzt sich in die
Asche, um zu symbolisieren, daß er nichts ist als ein
Häuflein Elend. „Da sagte seine Frau zu ihm: Hältst du
immer noch fest an deiner Frömmigkeit? Lästere Gott
und stirb! . . . Er aber sprach zu ihr: Wie eine Törin redet,
so redest du. Nehmen wir das Gute an von Gott, sollen
wir nicht auch das Böse annehmen? Bei alldem sündigte
Ijob nicht mit seinen Lippen" (2,9–10).
Die Erzählung schließt mit der Mitteilung, daß drei
Freunde zu Ijob kommen, um ihm ihr Beileid auszusprechen und ihn zu trösten. Als sie von weitem aufblicken,
erkennen sie ihn nicht, daraufhin schreien sie auf und
weinen. Sieben Tage und sieben Nächte setzen sie sich
zu ihm und schweigen.
Soweit der Prolog.

Die Fragen

1. Was bedeuten die *Personen*?
– Ijob ist mit Sicherheit keine konkrete Person, eher
eine Art künstlich entworfenes Modell. Er ist das Bild
eines Gerechten, von Gott gesegnet; Gott hat keinen

Grund, ihm das Böse zu schicken: weder Ijob noch seine Kinder gaben ihm dazu Anlaß. Jedesmal, wenn sie ein Gastmahl gehalten hatten, brachte er sofort ein Opfer dar, um damit etwa begangene Sünden zu tilgen.

Er ist deswegen keine konkrete Person, weil jeder von uns Sünden hat, die uns betrüben, wenn wir die unangenehmen Konsequenzen zu tragen haben. So wird eigens eine abstrakte Figur geschaffen, um eine Weise der Gotteserkenntnis begreiflich zu machen.

Ferner ist interessant, daß Ijob keine Eigenschaften besitzt, die ihn mit einer besonderen religiösen Tradition verbinden; die typischen Begriffe der hebräischen Tradition – Bund, Gesetz, Tempel, Jerusalem, Priesterschaft – tauchen nicht auf. In ihm kann sich jeder ehrliche Mensch guten Willens erkennen, der ein Gespür für Gott und sein Geheimnis hat.

– „Satan" meint dann das, was den Menschen auf jegliche Weise in schwierigen Momenten versucht und auf die Probe stellt.

2. Wenn dies die beiden Wirklichkeiten sind, vor die uns die Eingangsszene stellt, fragen wir uns, was *im Zentrum* dieses einzigartigen Geschehens steht.

– Richten wir unser Augenmerk noch einmal auf Satan, der mit seiner Frage alles in Bewegung bringt. Gott sagt zu ihm: „Hast du auf meinen Knecht Ijob geachtet? Seinesgleichen gibt es nicht auf der Erde, so untadelig und rechtschaffen, er fürchtet Gott und meidet das Böse." Satan antwortet dem Herrn: „Geschieht es ohne Grund, daß Ijob Gott fürchtet? Bist du es nicht, der ihn, sein Haus und all das Seine ringsum beschützt? Das Tun seiner Hände hast du gesegnet; sein Besitz hat sich weit ausgebreitet im Land. Aber streck nur deine Hand gegen ihn aus, und rühr an all das, was sein ist; wahrhaftig, er wird dir ins Angesicht fluchen" (1,8–11).

Der Einwand erscheint wie eine respektlose Frage oder

wie eine *Wette* auf den Menschen: ist der Mensch fähig, aus einer bedingungslosen Liebe heraus zu handeln oder nicht? *Gibt es diese Freiheit, die um sich selbst spielt und nicht alles genau berechnet, oder gibt es sie nicht?* Ist es nicht vielleicht doch so, daß all das, was im Menschen geschieht, auch seine tiefsten Empfindungen und Gefühle, Frucht einer eigennützigen Berechnung ist, einer Hoffnung, etwas dafür zu erhalten, eines „do ut des"?

Jeder von uns spürt diese Anklage tief in sich, und die Erforschung des Inneren bringt sie immer wieder ans Licht: Der Mensch ist nicht imstande, unentgeltlich zu lieben, und alles, was er tut, geschieht aus einem bestimmten Interesse heraus oder sogar aus einem Groll, einem Rachegefühl.

Es gibt sie nicht, die reinen, lauteren Handlungen, und selbst die Religion – das höchste Tun des Menschen – entspringt der Hoffnung, dafür einen Lohn zu erhalten, oder gründet auf einem schon erhaltenen Lohn.

Mit diesem Drama ist unser Dasein verflochten, denn jede Situation menschlicher Freiheit will wissen, ob sie auf Wahrheit und Glaubwürdigkeit gründet oder eben auf Berechnung. Wie oft fragen wir uns, auch in bezug auf unsere Entscheidung zur Berufung, auf die Ausdauer, auf unseren Dienst: Sind sie Antwort auf die Liebe Gottes, oder geschehen sie aus Bequemlichkeit, aus Berechnung, aufgrund einer Neigung oder natürlichen Fähigkeit? Und schließlich werden wir traurig, weil wir feststellen, wie kläglich die wahren Motive unserer Handlungen oft sind.

Der Satan, der Ankläger, behauptet also, daß es wahre Religiosität nicht gibt, daß der Mensch nicht zu lieben vermag, ohne etwas dafür zu erhalten, unfähig ist, den Bund mit Gott zu leben. Gott bietet ihm als Partner einen Bund an, schenkt ihm wahre, aufrichtige Liebe und erwartet darauf eine Antwort ebenfalls wahrer, aufrichtiger Liebe. Doch diese ist nicht möglich, ist immer unwahr, ist eine Illusion. Also ist Religion Opium des Volkes, Deckmantel für Motivationen wirtschaftlicher, politischer, psychologischer, kultureller Art; es gibt keine wahre Gottesliebe, die Gottheit selbst ist eine Erfindung des Menschen, um seine wahren Beweggründe zu überdecken und zu sublimieren. In Wahrheit spielt der Mensch mit sich selbst.

– Im Zentrum des Dramas, das der Prolog erzählt, steht aber nicht allein die Wette, die Satan auf den Menschen abschließt, sondern auch die *Wette Gottes*, der an die Wahrheit des Menschen glaubt und der Vertrauen in ihn hat.

Darum ist es ein universales Drama. Es umfaßt alle Situationen menschlicher Freiheit, alle Situationen, in denen unschuldiges Leiden zur Prüfung führt und den Menschen zum wahren Ausdruck seiner selbst bringt.

Der Leser fühlt sich in diesen Kampf mit einbezogen, denn er merkt sehr schnell, daß hier auch seine Fähigkeit oder Unfähigkeit zur Wahrhaftigkeit auf dem Spiel steht. Ein zeitgenössischer Kommentator des Buches Ijob schreibt: „Die heiligmäßige Darstellung Ijobs ist zu gewaltig, um den Leser gleichgültig zu lassen. Wer sich nicht in die Handlung mit seinen Fragen und inneren Antworten hineinbegibt, wer nicht mit Leidenschaft Position bezieht, wird ein Drama nicht verstehen, das für ihn aus eigener Schuld unvollständig bleibt. Wenn er sich aber darauf einläßt und Position bezieht, wird er sich unter dem Blick Gottes wiederfinden und durch die Wiedergabe des ewigen, universellen Dramas des Menschen Ijob selbst der Prüfung unterzogen sein" (vgl. Alonso-Schökel, *Giobbe*, Roma 1985, 108).

Erbitten wir vom Herrn, den Prolog des Buches auf diese Weise lesen zu können, und lassen wir uns von ihm in Frage stellen.

30

Die Belehrungen

Noch einige abschließende Überlegungen zum Thema „Prüfung", die hilfreich sein können.

1. *Die Prüfung gibt es für alle,* auch für die Besten. Ijob hat keinen Grund geboten, versucht zu werden; er war in allem vollkommen. Wir müssen uns also bewußt werden, daß Prüfung und Versuchung ein grundlegendes Faktum im Leben darstellen.

2. *Gott ist geheimnisvoll.* Er kennt den Wert des Menschen ganz genau, er weiß um ihn, bevor er ihn prüft, und doch stellt er ihn auf die Probe.

„Ich habe dich vierzig Jahre durch die Wüste ziehen lassen, um dich auf die Probe zu stellen und zu sehen, ob du mich wirklich liebst" (vgl. Dtn 8,2), sagt der Herr zu dem Volk Israel und drückt damit denselben Gedanken aus. Dieses Verhalten Gottes ist Teil des unergründlichen Geheimnisses, dessenthalben er seinen Sohn, den er wirklich kennt, prüft, indem er ihn Mensch werden läßt. Denn auch die Menschwerdung und das Leben Jesu sind eine Prüfung.

3. *Die Haltung* dessen, der auf die Probe gestellt wird, *ist Ergebenheit,* ist das Annehmen, nicht das Fragen. Es tritt im Prolog wie endgültig und entschieden hervor, wird dann aber im Laufe der Dichtung schrittweise entfaltet. „Nackt kam ich hervor aus dem Schoß meiner Mutter; nackt kehre ich dahin zurück. Der Herr hat gegeben, der Herr hat genommen; gelobt sei der Name des Herrn . . . Nehmen wir das Gute an von Gott, sollen wir dann nicht auch das Böse annehmen?" (1,21; 2,10). Diese geheimnisvolle Ergebenheit, in der die menschliche Existenz vor Gott gipfelt, ist von Anfang an als Verhalten präsent, an dem es sich zu orientieren gilt. Doch soll das nicht heißen, daß es schon in uns ist, denn selbst für Ijob wird es die Frucht seiner ganzen Qual sein. Dennoch

wird es ins Rampenlicht gestellt, weil es allein einen kleinen Lichtstrahl auf die Erfahrung des Daseins als Drama werfen kann.

4. In der Prüfung begeben wir uns in das *Wagnis des Nachdenkens.* Durch die Gnade Gottes kann der Mensch sehr schnell das Verhalten der Ergebenheit annehmen. Aber dann kommt plötzlich der Moment, in dem ihm bewußt wird, daß diese Prüfung die schlimmste ist. Das Buch Ijob hätte am Ende des zweiten Kapitels schließen können mit dem Aufweis, daß Ijob widerstanden hat, weil seine Liebe zu Gott wahr und echt war. Tatsächlich aber müssen wir uns gedulden. Die konkrete Situation Ijobs ist nicht die eines Menschen, der mit einem Seufzer davonkommt, mit einer ein für allemal gegebenen Zustimmung. Sie ist vielmehr die konkrete Situation eines Menschen, der seine einmal gegebene Zustimmung im Alltag Wirklichkeit werden lassen muß. All das treibt den dramatischen Ablauf des Buches voran.

Manchmal versuchen wir etwas Ähnliches: Vor einer wichtigen Entscheidung oder vor einem schwerwiegenden Ereignis akzeptieren wir begeistert und mutig, daß uns Schweres im Leben aufgegeben werden sein kann. Nachdem wir dies jedoch ein wenig bedacht haben, bricht sich ein Wirwarr von Gedanken Bahn, und wir stehen vor der Schwierigkeit, das anzunehmen, zu dem wir Ja gesagt haben. Das ist die wahre und eigentliche Prüfung.

Das erste „Ja", das Ijob sagt, ist eben das „Ja" desjenigen, der instinktiv auf bestmögliche Weise reagiert. Die Mühe besteht darin, ein Leben lang bei diesem „Ja" auszuhalten, unter dem Andrang von Gefühlen und in geistiger Auseinandersetzung.

Also bedeutet das erste Annehmen, das oft eine Gnade Gottes ist, noch keine vollständige Offenlegung der Integrität der Person. Sie muß erst durch das große Sieb der Alltäglichkeit gerüttelt werden.

Die Prüfung Ijobs besteht nicht so sehr darin, daß er aller Güter beraubt und voller Wunden ist, sondern darin, daß er Tag für Tag die Worte der Freunde aushalten muß, die Flut von Gedankengängen, die ihm den Sinn dessen vergessen lassen möchten, was ihm klar ist. Von diesem Punkt an beginnt die Prüfung, sich in den Verstand des Menschen zu schlängeln, und die eigentliche und beständige Versuchung, in der auch wir uns befinden und der wir zu unterliegen drohen, liegt darin, uns in der schrecklichen Qual des Geistes, des Herzens und unserer Vorstellungen zu verlieren.

Das Buch der Ärmsten der Armen

Schließlich möchte ich noch darauf hinweisen, Ijob als das Buch der Ärmsten der Armen zu meditieren. Diesen Aspekt beleuchtet *Gustavo Gutièrrez* in seiner Deutung dieses Buches: *Von Gott sprechen in Unrecht und Leid – Ijob (München/Mainz 1988).* Es handelt sich dabei weniger um eine exegetische Untersuchung im strengen Sinn, als vielmehr um einen Versuch, die Menschlichkeit im Buch Ijob neu zu erschließen und seinen Text neu zu lesen. Gutièrrez vernimmt darin den Schrei der Armen in Lateinamerika.

Alle leiden wir an Fehlern, die wir oft selbst verschuldet haben. Ein großer Teil der Menschheit jedoch leidet mehr, als er es verdiente, leidet mehr, als er gesündigt hat: Es sind die Elenden, die Leidenden und Unterdrückten, die vielleicht drei Viertel der Menschheit ausmachen. Angesichts dieser großen Zahl müssen wir uns fragen: Warum? Was hat das für einen Sinn? Läßt sich überhaupt von einem Sinn reden?

Gerade dieser dramatischen Frage stellt sich das Buch Ijob, das die gewöhnlichen Muster des Lebens durchbricht.

Wir, die wir treu zu Jesus in seinen Prüfungen stehen wollen, wissen darum, daß seine Prüfungen die Prüfungen des messianischen Volkes sind, des Volkes der Leidenden, die Prüfungen der hungernden und armen Völker. Wir versuchen, uns ihnen in Gedanken zu nähern und unsere oftmals leichten Prüfungen anzunehmen. Dabei denken wir daran, wie schwer jene sind, die ein großer Teil der Menschheit zu erdulden hat.

Die Prüfung des reichen Jünglings

Homilie

Das Bild Unserer Lieben Frau, das sie im Augenblick der schwersten Prüfung ihres Lebens, ihrer größten und dramatischsten Versuchung zeigt, das Bild der schmerzensreichen Mutter, erinnert uns auch an ihre Tränen, an ihre Anteilnahme an unseren Prüfungen, an den Prüfungen und dem Leiden ihrer Kinder.

„Maria, unsere Mutter, wir bringen dir uns dar; unser ganzes Leben, um dessen Erfüllung wir uns bemühen, damit wir dem Geheimnis Jesu immer näher kommen und wir uns in seiner Nachfolge mit seinen Prüfungen verbinden."

– Die Lesung aus dem Buch der Richter über die Berufung von Richtern (Ri 2,11–19) läßt uns nach dem Sinn eines Buches aus dem Alten Testament fragen, das von Krieg, Kampf und Totschlag handelt und das damit weit entfernt ist von unserer Weise, das Geheimnis Gottes zu leben.

Dennoch ist zu verstehen, daß es eine Antwort auf die Fragen geben will, die sich die Israeliten über den Anfang ihrer Geschichte stellten: Wieso hat Gott uns ein Land versprochen, in dem Milch und Honig fließen, und es uns dann nicht umsonst gegeben, sondern als ein Land, das es mühsam zu erobern gilt, durch so viele Ängste und Leiden hindurch?

Wieso hat er es uns erst nach Jahrhunderten voller Unsicherheit gegeben, einer Zeit, in der wir uns oft von

35

anderen Völkern bedroht fühlten, fast wie Fremde in diesem Land lebten?

Verschiedene Antworten werden auf diese Frage gegeben, die im Grunde die Frage nach der Prüfung und die Frage Ijobs ist: Warum verfährt Gott mit mir so und nicht anders?

Eine mögliche Antwort erhalten wir etwa in dem auf die genannte Perikope folgenden Kapitel. Hier heißt es, Gott wollte nicht, daß die Israeliten die Kriegskunst, die ihre Väter sich angeeignet hatten, um das Land in Besitz zu nehmen, vergäßen. An anderer Stelle heißt es, Gott wollte nicht, daß das Land verwildere. Wenn alles gutgeht, neigt der Mensch dazu, die Hände in den Schoß zu legen. Er weigert sich, Anstrengungen auf sich zu nehmen, das Land zu bestellen, oder, wie die Weisheitsbücher als Motiv hinzufügen, den anderen Völkern Raum zur Umkehr zu geben.

Als wichtigste Antwort führt das Buch Richter an, daß die Israeliten die Landgabe nicht verdienten und sie sich jedesmal, wenn Gott ihnen das Land erneut in die Hände legte, wieder von ihm entfernten.

Darin liegt eine große Wahrheit: Jeder von uns – und das gilt für die gesamte Menschheit – wird leicht mürbe, wenn alles mit vollen Segeln vorangeht, solange Gebet, Gesundheit, Apostolat, Freundschaften, Geschäfte gut gehen. Theoretisch dürfte es nicht so sein, denn der Mensch ist für das Glück geschaffen, für die Fülle an Gaben. Dennoch bewirkt die konkrete geschichtliche Situation des durch die Sünde verwundeten Menschen, daß er sich – geht es ihm gut – Götzen zuwendet, sie anbetet, hochmütig wird und schließlich sich selbst anbetet, seine Macht, die Faszination der eigenen Möglichkeiten, seiner physischen, gesellschaftlichen und intellektuellen Leistungen.

Der Herr stellt die Israeliten immer dann auf die

Probe, wenn sie ein Minimum an Frieden und Wohlstand erreicht haben und dadurch zu Götzendienern geworden sind. Auf diese Weise erscheint die Prüfung als eine Vorsehung, mit der Gott uns wach hält.

Wenn wir an unsere Erfahrung denken, müssen wir zugeben, daß wir leicht in der Gefahr wären einzuschlafen, müßten wir nicht dauernd kleine Leiden ertragen, physische und moralische Stachel, die uns dazu nötigen, unser Leben im geistlichen Kampf wieder zu ordnen.

Ein Geheimnis der göttlichen Vorsehung liegt in der Tatsache, daß das Volk sich nicht von Anbeginn der Landgabe des Friedens erfreuen kann; es muß ein geheimnisvoller Weg der Läuterung gegangen werden, vom einzelnen wie von der Gruppe, durch Schwierigkeiten und Schmerzen hindurch.

Wenn wir auch den Sinn dieses göttlichen Heilsplanes nicht ganz begreifen, sind wir doch dazu aufgerufen, auf dem Weg des Volkes Gottes über ihn nachzusinnen und ihn wenigstens etwas in unser persönliches Leben hineinwirken zu lassen.

– Matthäus berichtet in seinem Evangelium (Mt 19,16–22) von einem jungen Mann, den Jesus auf die Probe stellt. Der junge Mann war davon überzeugt, daß er ein gutes Leben führte, daß er ein Höchstmaß an Besitz und Fähigkeiten erreicht hatte, und daß er diese in Einklang mit dem Gesetz der Vernunft und damit dem Gesetz Gottes gebracht hätte. Er hielt sich für „in Ordnung" und fragte: Was fehlt mir, was habe ich noch nicht? Hier bin ich, ich bin bereit.

Jesus gibt ihm eine einfache Antwort: „Wenn du vollkommen sein willst, geh, verkauf deinen Besitz und gib das Geld den Armen; so wirst du einen bleibenden Schatz im Himmel haben; dann komm und folge mir nach" (V. 21). Und der junge Mann versteht, daß er noch weit vom Ziel entfernt ist: „Als der junge Mann das

37

hörte, ging er traurig weg; denn er hatte ein großes Vermögen" (V. 22). Darin besteht das Geheimnis der Prüfung, daß sie dann eintritt, wenn jemand sich sicher fühlt, gewissermaßen auf dem Gipfel seines geistlichen Weges. Indem der Herr uns eine neue Frage vorlegt, zeigt er uns, daß es noch viel zu tun gibt. Selig der Mensch, der daran keinen Anstoß nimmt.

Das Unglück des jungen Mannes liegt darin, nicht verstanden zu haben, daß es sich um eine Prüfung handelte, daß er die Einladung Jesu sozusagen zu ernst nahm. Hätte er geantwortet: Herr, du verlangst von mir etwas Schweres, und erst jetzt gehen mir wirklich die Augen auf. Ich weiß nicht, wie ich deiner Forderung nachkommen kann, aber hilf du mir, sei mir gnädig. Wenn er diesen Geistesblitz gehabt hätte, wäre seine Geschichte anders verlaufen.

Er hat nicht begriffen, daß die Prüfung eine Schwäche aufgezeigt hat, die ihn aber nicht verwundern sollte, weil sie einen Schritt dahin bedeutete, leichter zu Jesus zu gelangen. So wurde er traurig und ging davon.

Seine Situation ist eine der vielen, in denen die nichtangenommene Prüfung zunächst ein Sich-Verschließen und dann den Tod zur Folge hat.

„Herr, wir stehen hier vor dir, um dir zu sagen, daß wir schwach sind; auch wenn wir nicht ahnen, welches die Frage sein wird, die uns beunruhigen kann, so wissen wir doch, daß es sie gibt. Doch wollen wir uns nicht verwundern, wenn wir Mühe haben, sie anzunehmen, und wenn wir Widerstand empfinden. Vielmehr bitten wir dich: Erbarme dich unser! Sei uns gnädig!

Maria, du Mutter Jesu, des Gekreuzigten, löse unser Herz mit der Liebe und der Demut, die der Herr vom reichen Jüngling gefordert hat. Mach, daß da, wo wir Schwäche oder Verweigerung feststellen, wir uns ihrer bedienen als Schritt zum Wachstum der Erkenntnis unserer selbst und der Liebe zu deinem Sohn. Und durch das Geschenk des Todes und der Auferstehung Jesu, heile unser Herz von all seinen Armseligkeiten, seinem Kummer, seiner Angst, damit es von der Freude der Gegenwart Gottes erfüllt werde."

Zweite Meditation

Ijob kann sich nicht annehmen

Vorbemerkung

Es ist nicht leicht, die Botschaft des Buches Ijob zu verstehen. Denn es handelt nicht nur von der Prüfung des Menschen, es ist auch in sich selbst eine Prüfung wegen der verwirrenden Behauptungen, die es enthält und die in keinem anderen Teil der Bibel zu finden sind.

Wie läßt sich dieser Schwierigkeit begegnen?

a) Zunächst muß man *mit Gott ringen* wie Jakob, man darf sich nicht abschrecken lassen, sondern muß den Text auch in seiner Struktur lesen, die, verglichen mit der anderer Schriftsteller, ganz einfach ist. Das Problem besteht darin, ihren Aufbau nachzuverfolgen und ihre Aussage zu verstehen: handelt es sich um reine Poesie, oder vertritt sie eine These?

Die Tatsache, daß es auf diese Frage keine endgültige Antwort gibt, macht es notwendig, die Botschaft jeder einzelnen Seite wahrzunehmen: Was willst du mir gerade sagen, Herr? Bringt uns das, was wir lesen, dazu, von Gott zu reden oder werden wir schweigen in unserer Welt in ihrem Unglück? Was hat dieses Buch mit deinem und mit meinem Geheimnis zu tun, Herr, mit dem Geheimnis der Kirche, des menschlichen Schmerzes oder der Armen?

In letzter Zeit häuften sich zum Beispiel polemische Argumente der jüdischen Welt gegen den Karmel in Auschwitz: Nach dem Holocaust könne man nicht mehr

40

von Gott reden, und nur das Schweigen bliebe. Diese Sprache ist vielen Theologen in Fleisch und Blut übergegangen, insbesondere deutschen Theologen, und auch allen, die bezüglich der Geschichte Europas in unserem Jahrhundert sensibel sind. Also müssen wir uns fragen: Sind wir nach bestimmten Tragödien wirklich gezwungen zu schweigen? Können wir noch sprechen, während die Tragödien im Nahen Osten oder der Hunger der armen Länder weiter andauern?

Das Buch Ijob rührt an die Wunden der Menschen, und vielleicht liegt der Grund dafür, daß wir es meiden, darin, daß es das Reden von Gott schwer macht, daß es unsere allgemeinen Kategorien vom Göttlichen umwirft.

Es ist also ein Buch, das Kampf im Gebet fordert, Anbetung, Anfrage und Bitte; das ist die erste Art, in der es uns hilft.

b) Die zweite ist – wie bereits erwähnt – das *Übertragen des Gegenstandes* unserer Betrachtung *in das* persönliche *Gebet des Herzens* hinein; lassen wir uns mit einbeziehen und beten wir von unserer persönlichen Erfahrung aus und von der Erfahrung jener, die wir lieben, vor allem derer, die wir leiden sehen.

Mit anderen Worten: Wir müssen die Klagepsalmen wiederentdecken. Das Buch Ijob kann schließlich als Einführung in diesen Teil der Psalmen – eben die Klagepsalmen – betrachtet werden; wir beten diese zwar, aber es fällt uns schwer, uns damit zu identifizieren.

Um etwa das dritte Kapitel aus dem Buch Ijob ins Gebet zu übertragen, können wir uns in *Psalm 88* hineinversetzen, der überschrieben ist: *Gebet aus der Tiefe der Angst*. Er ist der pessimistischste aller Psalmen. Während viele andere Klagepsalmen mit einem Wort der Erhörung und des Dankes schließen, lautet der letzte Vers von Psalm 88: „Du hast mir die Freunde und Gefährten entfremdet; mein Vertrauter ist nur noch die Finsternis." Warum ist dieser Psalm dann ein Gebet? Wie kann ich ihn beten? Das eigentliche Problem Ijobs besteht darin zu verstehen, wie er seine Angst im Licht des Glaubens sehen kann.

c) Schließlich ist es wichtig, daß wir *uns nicht von der geistigen Disziplinlosigkeit erfassen lassen*. Jeder muß entsprechend seiner eigenen Gebetspraxis sich im Tagesablauf bestimmte Zeiten freihalten: für das stille Gebet im Geiste, für die Schriftlesung, für das sehr nützliche gesprochene Gebet, hier besonders für den Rosenkranz. Ein Gebetsrhythmus, der unserem Stand der Suche nach Gott entspricht, wird uns dabei helfen, Schwierigkeiten des biblischen Stoffes zu überwinden.

Ijob verflucht den Tag seiner Geburt

Sinnen wir über das dritte Kapitel des Buches Ijob nach und machen wir uns zunächst bei der *Lesung* mit seinem Inhalt vertraut, um dann bei der *Betrachtung* uns zu fragen, welche Botschaft es für uns enthält.

Sieben Tage und sieben Nächte verbringen die Freunde bei Ijob, auf der Erde sitzend und schweigend. „Danach tat Ijob seinen Mund auf und verfluchte seinen Tag." Damit ist der Inhalt des dritten Kapitels genau formuliert: „Er verfluchte seinen Tag."

„Er ergriff das Wort und sprach:
Ausgelöscht sei der Tag, an dem ich geboren bin,
die Nacht, die sprach: Ein Mann ist empfangen.
Jener Tag werde Finsternis,
nie frage Gott von oben nach ihm,
nicht leuchte über ihm des Tages Licht.
Einfordern sollen ihn Dunkel und Finsternis,

Gewölk über ihn sich lagern,
Verfinsterung am Tag mache ihn schrecklich.
Jene Nacht, das Dunkel raffe sie hinweg,
sie reihe sich nicht in die Tage des Jahres,
sie füge sich nicht zur Zahl der Monde.
Ja, diese Nacht sei unfruchtbar,
kein Jubel komme auf in ihr.
Verwünschen sollen sie die Verflucher der Tage,
die es verstehen, den Leviatan zu wecken.
Verfinstert seien ihrer Dämmerung Sterne;
sie harre auf das Licht, jedoch umsonst;
die Wimpern der Morgenröte schaue sie nicht.
Denn sie hat die Pforten
an meiner Mutter Leib nicht verschlossen,
nicht das Leid verborgen vor meinen Augen.
Warum starb ich nicht vom Mutterschoß weg,
kam ich aus dem Mutterleib und verschied nicht gleich?
Weshalb nur kamen Knie mir entgegen,
wozu Brüste, daß ich daran trank?
Still läge ich jetzt und könnte rasten,
entschlafen wäre ich und hätte Ruhe
bei Königen und Ratsherren im Land,
die Grabkammern für sich erbauten,
oder bei Fürsten, reich an Gold,
die ihre Häuser mit Silber gefüllt.
Wie die verscharrte Fehlgeburt wäre ich nicht mehr,
Kindern gleich, die das Licht nie geschaut.
Dort hören Frevler auf zu toben,
dort ruhen aus, deren Kraft erschöpft ist.
Auch Gefangene sind frei von Sorgen,
hören nicht mehr die Stimme des Treibers.
Klein und groß ist dort beisammen,
der Sklave ist frei von seinem Herrn.
Warum schenkt er dem Elenden Licht
und Leben denen, die verbittert sind?

Sie warten auf den Tod, der nicht kommt,
sie suchen ihn mehr als verborgene Schätze.
Sie würden sich freuen über einen Hügel;
fänden sie ein Grab, sie würden frohlocken.
Wozu Licht für den Mann auf verborgenem Weg,
den Gott von allen Seiten einschließt?
Bevor ich noch esse, kommt mir das Seufzen,
wie Wasser strömen meine Klagen hin.
Was mich erschreckte, das kam über mich,
wovor mir bangte, das traf mich auch.
Noch hatte ich nicht Frieden, nicht Rast, nicht Ruhe,
fiel neues Ungemach mich an" (Ij 3).

Wie schon angedeutet, mutet dieses Kapitel fremdartig an: Im vorangegangenen Kapitel schien es, als habe Ijob Gott nicht verflucht, als habe er der Härte der Ereignisse widerstanden. Jetzt stellen wir fest, daß die Prüfung eben erst begonnen hat. Der Akt der Unterwerfung muß in den Verstand, in das Herz und in den Leib dessen eindringen, der ihn vollzogen hat, und das ist sehr schwer.

Nach sieben Tagen des Schweigens kommt der Vulkan, der in der Seele Ijobs brodelte, zum Ausbruch.

Wir wollen den Text in seine vier Abschnitte unterteilen.

1. *Die Verse 1–10* haben die *Verfluchung des Tages der Geburt* zum Thema, gleich, zu welcher Stunde sie geschah: „Wenn es Tag war, so sei es Finsternis, wenn es Nacht war, so dermaßen Dunkelheit, damit kein Jubel in sie eindringe." Ijob versucht, diesen Tag und diese Nacht aus der Zeit zu tilgen, sie in das Urdunkel der Nichtexistenz zurückzudrängen.

Das Thema begegnet in der Bibel nicht oft; sie ist im Grunde eine Hymne auf das Leben. Dennoch gibt es berühmte Stellen, Parallelen zur Abscheu Ijobs, wenn etwa der Prophet Jeremia ausruft:

44

„Verflucht sei der Tag, an dem ich geboren wurde;
der Tag, an dem meine Mutter mich gebar,
sei nicht gesegnet.
Verflucht der Mann,
der meinem Vater die frohe Kunde brachte:
Ein Kind, ein Knabe ist dir geboren!
und ihn damit hoch erfreute.
Jener Tag gleiche den Städten,
die der Herr ohne Erbarmen zerstört hat.
Er höre Wehgeschrei am Morgen
und Kriegslärm um die Mittagszeit,
weil er mich nicht sterben ließ im Mutterleib.
So wäre meine Mutter mir zum Grab geworden,
ihr Schoß auf ewig schwanger geblieben.
Warum denn kam ich hervor aus dem Mutterschoß,
um nur Mühsal und Kummer zu erleben
und meine Tage in Schande zu beenden?" (Jer 20,14–18,
vgl. auch Jer 20,7 ff.)

Jeremia ist ein berühmter und außergewöhnlicher
Mann. Ihm war es gegeben, in der Geschichte geradezu
einzigartige Visionen von der Welt Gottes zu erhalten,
die nur den allerwenigsten vergönnt sind. Und doch
kommt er dazu, wie Ijob zu klagen, eben weil Ijob keine
Einzelperson ist, sondern die dramatischsten Momente
menschlicher Erfahrung zum Ausdruck bringt.

2. *Die Verse 10–19* haben nicht so sehr die verabscheute
Geburt zum Gegenstand, als vielmehr *den herbeigesehn-
ten Tod*: „Warum starb ich nicht vom Mutterschoß weg,
kam ich aus dem Mutterleib und verschied nicht
gleich?" (V. 11).

Wir können an die Geschichte von Jona denken. Enttäuscht vom Handeln Gottes, fällt er in Depression und
erbittet von Gott, daß er ihm das Leben nehme.

„Das mißfiel Jona ganz und gar" – daß Gott Ninive

45

nichts Böses antun wollte –, und er wurde zornig. Er betete zum Herrn und sagte: „Ach Herr, habe ich das nicht schon gesagt, als ich noch daheim war? Eben darum wollte ich ja nach Tarschisch fliehen; denn ich wußte, daß du ein gnädiger und barmherziger Gott bist, langmütig und reich an Huld, und daß deine Drohungen dich reuen. Darum nimm mir jetzt lieber das Leben, Herr! Denn es ist für mich besser zu sterben als zu leben" (Jn 4,1–3). In dem Moment, in dem Gott sich als barmherzig erwiesen hat, fühlt sich der Prophet gleichsam aus dem Sattel gehoben. In seiner Prophezeiung nicht ernst genommen zu werden, sind sein Ärger, sein Zorn und seine Wut so groß, daß er sich den Tod wünscht.

Eine andere außergewöhnliche Person – Elija – flieht, weil er unfähig ist, die falschen Propheten im Namen Jahwes zu besiegen; von den Drohungen der Königin Isebel eingeschüchtert, „geriet Elija in Angst, machte sich auf und ging weg, sein Leben zu retten. Er kam nach Beerscheba in Juda und ließ dort seinen Diener zurück. Er selbst ging eine Tagesreise weit in die Wüste hinein. Dort setzte er sich unter einen Ginsterstrauch und wünschte sich den Tod. Er sagte: Nun ist es genug, Herr. Nimm mein Leben; denn ich bin nicht besser als meine Väter" (1 Kön 19,3–4).

Elija, der auch in enger Verbundenheit mit dem Geheimnis Gottes lebte, wird verbittert, weil er es nicht fertiggebracht hat, zu tun, was er sollte.

3. *Die Verse 20–23* verallgemeinern das inständige Verfluchen des Tages der Geburt und das Herbeiwünschen des Todes: Ijob *spricht dem Leben als solchem einen Sinn ab:* „Warum schenkt er dem Elenden Licht und Leben denen, die verbittert sind? Sie warten auf den Tod, der nicht kommt."

4. Im vierten Teil schließlich *(Verse 24–26)* kehrt Ijob zu sich selbst zurück, zu seinem persönlichen Erleben:

46

„Bevor ich noch esse, kommt mir das Seufzen, wie Wasser strömen meine Klagen hin. Was mich erschreckte, das kam über mich, wovor mir bangte, das traf mich auch. Noch hatte ich nicht Frieden, nicht Rast, nicht Ruhe, fiel neues Ungemach mich an."

Das ist der Schrei, der aus dem siebentägigen Schweigen Ijobs hervorgeht: Er verabscheut seine Geburt, wünscht sich den Tod herbei, erklärt das Leben all derer, die leiden, für sinnlos, kehrt schließlich zu sich selbst zurück und kommt zu dem Schluß: hier bin ich, ohne Ruhe und zerquält.

Der Aufschrei Ijobs und das Klagegebet

Wir kommen zur eigentlichen Betrachtung dieses Kapitels und fragen uns: Sind die Worte Ijobs rhetorischer Art, sind sie bedingt durch die typische Übertreibung der Orientalen, die oft so reden? Wieso sind sie dann Teil einer Schrift, die ewigen Wert hat? Gibt es etwas Ähnliches in unserer Erfahrung?

Wenn zum Beispiel jemand ganz klar mit der Aussicht einer unheilbaren Krankheit konfrontiert wird, geschieht es oft, daß er in Weinen und Klagen ausbricht. Wenn die Ärzte der Meinung sind, es sei angebracht, dem Kranken die Wahrheit ins Gesicht zu sagen, ist seine erste Reaktion immer der dramatische Aufstand: Was hat das für einen Sinn? Warum gerade ich?

Jedem von uns kann es plötzlich, von einem Moment zum anderen, passieren, daß ihn ein schweres, unheilbares Übel ereilt. So kann der Aufschrei Ijobs leicht zu unserem eigenen werden.

Oder denken wir an Menschen, die in bestimmten Zeiten ihres Lebens von einer Folge von Schicksalsschlägen und Unglücksfällen getroffen werden, die sie zur

Verbitterung führen. Es ist bewundernswert, daß die Bibel dieses Gefühl nicht für schlecht befunden und eliminiert hat, sondern es bewahrt hat als einen Teil des inspirierten heiligen Textes.

Im weiteren ist die Frage berechtigt: Welchen Sinn hat das elende Leben, das so viele Männer und Frauen führen müssen – ein Leben in äußerster Armut, ohne jede Aussicht auf ein menschenwürdiges Dasein? Welchen Sinn haben Geisteskranke, Entmündigte, Arme, Menschen, die an der Grenze der Lebensmöglichkeit leben und für die es keine Soforthilfe gibt? Wenn wir uns des Ausmaßes dieses Elendes bewußt werden, der langen Zeiträume, die nötig sind, um so vielen Menschen ein besseres Leben zu ermöglichen, und noch mit der Korruption in der nationalen und internationalen Politik konfrontiert werden, die sich der Entwicklung der Völker entgegenstellt, dann können wir nicht anders als uns nach dem Sinn all dessen zu fragen und danach, ob es nicht besser wäre, wenn diese Menschen nie geboren worden wären. Und was soll man über die Kinder sagen, die in unterentwickelten Ländern mit einer hohen Geburtenrate geboren werden, die schon krank, behindert auf die Welt kommen, sich nicht entwickeln können, weil ihnen die nötige Fürsorge fehlt?

Der Schrei Ijobs durchzieht also auch die heutige Welt, und die radikale Versuchung, den Tod herbeizusehnen, bedroht alle, keinen ausgenommen; sie bohrt auch in denjenigen, die sich glücklich schätzen, weil sie selbst von schrecklichen Unglücksfällen verschont geblieben sind, sich jedoch nicht der realen Entwürdigung entziehen können, die auf vielen Völkern lastet.

Das Urteil, das wir über diesen Teil der Bibel abgeben, fällt dann gemäßigter aus, verständnisvoller für die Wahrheit des Schreis, der die Art und Weise des Sich-Ausdrückens der Verlassenen aller Zeiten ist. Nicht zu-

48

fällig ist er als Klagegebet in die Schrift aufgenommen worden. Diesen Gedanken legt *Gustavo Gutièrrez* in seinem Kommentar zum Buch Ijob dar. Er teilt die Auffassung Claus Westermanns, demzufolge das literarische Genus dieses Bibeltextes die Klage ist, die Anklage gerade dieses Elendes vor dem Angesicht Gottes. Westermann schreibt: „Der Untersuchung liegt die einfache Erkenntnis zugrunde, daß im Alten Testament menschliches Leid seine eigene Sprache hat und daß man den Aufbau des Hiobbuches versteht, wenn man diese Sprache, die Sprache der Klage verstanden hat" (Der Aufbau des Buches Hiob, Stuttgart ³1978, 7; zitiert bei Gutièrrez, a.a.O., 29 Anm. 15). Er erklärt dann, daß entgegen der negativen Bedeutung, die die Klage in der westlichen Mentalität gewinnt – Resignation, Rückzug auf sich selbst, Unfähigkeit sich selbst zu helfen –, sie in biblischer Perspektive grundlegend an das Gebet gebunden ist; sie ist ein Element des Bittgebetes, des Anrufes Gottes. Er merkt an, daß in den jungen christlichen Kirchen diese Form des Gebetes oft ihren Platz wiedererhält: Denken wir nur an die großartige Volksfrömmigkeit Lateinamerikas, an den toten Christus, dessen Tränen auch für das Leiden des Armen stehen (vgl. Gutièrrez, a.a.O., S.35, Anm. 27).

Gegen Ende seines Kommentars zitiert Gutièrrez noch einen zeitgenössischen Autor, dessen Worte uns erlauben, das Klagegebet, das manchmal wie eine Gotteslästerung scheint, tiefer zu verstehen: „Das Wunder dieses Buches beruht gerade auf der Tatsache, daß Hiob keinen Schritt tut, um sich zu irgendeinem besseren Gott zu flüchten, sondern daß er mitten im Schußfeld, im Feuer des göttlichen Zornes ausharrt. Ohne sich zu bewegen, legt Hiob, den Gott als Feind behandelt, mitten in seiner Nacht und mitten im tiefsten Abgrund Berufung ein, nicht bei irgendeiner höheren Instanz, auch

49

nicht bei dem Gott seiner Freunde, sondern bei diesem Gott selbst, der ihn zu Boden drückt. Hiob flüchtet sich zu Gott, den er anklagt. Hiob setzt sein Vertrauen auf Gott, der ihn enttäuscht und ihn in die Verzweiflung gestürzt hat ... Ijob bekennt seine Hoffnung und nimmt den zum Verteidiger, der ihn verurteilt, hält den für seinen Befreier, der ihn ins Gefängnis bringt, und seinen Todfeind für seinen Freund" (R. de Pury, Hiob – der Mensch im Aufruhr, zitiert nach Gutièrrez, a.a.O., 138 f., Anm. 1).

Die Klage ist ein Gebet, das die Seele erschüttert, das den Eiter aus den tiefsten Wunden unseres Lebens treibt und das damit auch imstande ist, uns innerlich zu befreien. Denn der Weg Ijobs ist ein Weg der Befreiung und der Läuterung. Er läßt das Angesicht Gottes wieder schauen und den Sinn der eigenen Würde und Wahrheit wiedererkennen.

Ratschläge

Vier Gedanken seien einer persönlichen Betrachtung des 3. Kapitels des Buches Ijob vorangestellt:

1. Wir müssen lernen, in unserem Leben *die Klage vom Jammern zu unterscheiden*. Letzteres geschieht im allgemeinen sehr schnell: Wir jammern über alles ein bißchen und jeder über die anderen. Schwierig ist, daß in religiösen, in gesellschaftlichen und in politischen Kreisen über andere nicht schlecht geredet werden darf. Der wahre Sinn der Klage, der im Weinen vor Gott besteht, ist verlorengegangen. Die Kräfte des Widerstandes, der Gereiztheit und des Zornes, die sich in der Seele regen, finden dadurch keinen natürlichen Ausgang und stürzen sich auf jeden und alles, was uns umgibt, und machen das Leben, die Familie, die Gemeinschaften und

50

Gruppen unglücklich. Allein Gott, der uns Vater ist, kann auch das Aufbegehren und die Schreie des Sohnes ertragen. Diese Beziehung zu einem so guten und starken Gott ist es, die uns fähig macht, mit ihm zu streiten. Er nimmt diese Konfrontation an, wie er die Elijas, Jonas, Jeremias und Ijobs angenommen hat. Gott hat Jona zwar dafür getadelt, daß er sterben wollte, aber er hat ihn reden lassen.

Der Klage freien Lauf zu lassen, ist die beste Methode, um die Ströme des Jammers zum Versiegen zu bringen, die die Welt, die Gesellschaft und die Wirklichkeit der Kirche vergiften und die keinen Ausgang finden, weil sie nur auf der rein menschlichen Ebene bleiben und deshalb nicht an den Grund des Problems reichen.

Wenn wir das unfruchtbare Jammern, das nur neue Tränen erzeugt, durch die tiefgehende Klage im Gebet ersetzen würden, fänden wir oft die Lösung unserer eigenen Probleme und der der anderen oder gingen wenigstens den geeigneten Weg, das Leid und das Unbehagen in der Kirche zur Sprache zu bringen.

Ich gebe zu, Situationen erlebt zu haben, in denen ich vor der Frage stand: Wo gibt es in der Bibel eine Stelle, die dem entspricht, was ich gerade fühle? und mich beim Lesen der Klagelieder des Jeremia wiedergefunden und Frieden erfahren habe. Anstatt Kritik, Rache und Groll vorzubringen, habe ich zugelassen, daß das Wort des Propheten, so dramatisch es ist, das Herz beruhigen und befreien kann.

Vielleicht besitzen die Armen deshalb mehr Kraft, das Leid zu ertragen, als die Reichen, weil sie diesen tiefen und inneren Weg, diese Lebensweisheit nicht verloren haben. Wer sie verloren hat, reagiert nur noch mit Wut; er glaubt, Herr über alle zu sein, und wenn etwas nicht so geht, wie er will, dann hält er sich an den anderen schadlos.

2. Ijob macht eine Erfahrung, in der er keinen Sinn sieht und die er nicht annehmen kann:

„Bevor ich noch esse, kommt mir das Seufzen,
wie Wasser strömen meine Klagen hin.
Was mich erschreckte, das kam über mich,
wovor mir bangte, das traf mich auch.
Noch hatte ich nicht Frieden, nicht Rast, nicht Ruhe,
fiel neues Ungemach mich an" (3,24–26).

Ijobs Zustand entspricht, um einen in unserer Zeit geläufigen Ausdruck zu gebrauchen, dem eines *Demotivierten*, der keine Gründe mehr sieht, im Kampf zu widerstehen.

So ein Zustand ist wie ein Alarmschrei. Wenn wir uns in Momenten der Unsicherheit und der Mühe anschauen, fühlen wir uns demotiviert und erschrecken über uns selbst. Und wenn jemand zu uns kommt – vielleicht ein junger Mensch in den ersten Jahren der Ehe, der uns anvertraut, daß er sich demotiviert fühlt –, sind wir von Furcht erfüllt. Dafür gibt es zwei Gründe: Zuerst, weil wir uns vorstellen, daß wir in dieselbe Situation geraten könnten. Zweitens, weil das Wort „Demotivation" keinerlei Ansporn zuzulassen scheint und scheinbar die Flucht rechtfertigt: Ich empfinde nichts mehr, ich habe keine Lust mehr – und was kann ich dafür?

Ijob legt uns indessen nahe, sich diesem Zustand zu stellen, damit er auf diese Weise etwas von seiner verhängnisvollen Macht verliert. Er will, daß wir den Mut aufbringen, ihn zu untersuchen, ihn nicht als so schwerwiegend zu bewerten, daß wir nichts dagegen unternehmen könnten. Er spornt uns an, uns zu fragen, was für eine Bedeutung er wirklich hat, um so mehr als der Demotivierte sich objektiv nicht viel verändert hat, außer der Tatsache, daß er die Gnade nicht begreifen kann.

Im *Prolog* des Buches Ijob haben wir die Wette Gottes

52

betrachtet: Er hält den Menschen für fähig, aus freier, bedingungsloser Liebe zu handeln, auch da, wo die gewöhnlichen Vergütungen weniger werden. Eigentlich müßte der Demotivierte sagen: Ich bin an dem Punkt angelangt, an dem ich zum ersten Mal in meinem Leben anfangen kann, ein Mensch zu sein, denn ich besitze nicht mehr diese ganze Reihe von Vergünstigungen, die ich früher hatte.

98 Prozent unserer Taten sind Frucht eines Hin- und Herfließens gegenseitiger Leistungen, die uns tragen; und das ist gut so. Aber die Prüfung, die wissen will, ob es eine bedingungslose und freie Liebe gibt, kommt dann auf uns zu, wenn wir vollkommen nackt vor Gott und vor seiner gekreuzigten Liebe stehen. Das ist die Wette, die uns das Buch über Ijob vorstellt; über Hiob, der schreien kann und schreit, daß er demotiviert ist, der sich den Tod wünscht, der schreit, daß das Leben keinen Sinn hat und der dabei doch vor Gott und vor seinen Freunden schreit, der weiter in Bewegung bleibt, weiter handelt, weiter sucht.

In der Demotivation läutert sich seine Freiheit; diese Freiheit, an der er vor der Wette, ob er wirklich der bedingungslosen Liebe fähig wäre, zweifeln konnte. Schritt für Schritt kommt der Mensch Ijob zu seinem wahren Selbst.

Wenn wir also denken, es gebe eine Grenze, hinter der es nicht mehr vorwärtsgeht, dann sind wir einfach an dem Punkt angelangt, an dem sich unsere Freiheit in ihrem authentischsten Zustand befindet. Jesus hat uns die Bedingungslosigkeit seiner Liebe gezeigt, nicht allein in den Wundern, die er tat, sondern am Kreuz. Damit war eine Übereinstimmung zwischen zwei Freiheiten da, die einander gegenüberstanden.

Von Ijob lernen wir, daß sich unsere Menschenwürde darin erweist, daß wir Gott auch dann lieben, wenn die

Demotivation die Gewalt jener oben ausgeführten Worte erreicht hat.

Wenn wir in uns Wurzeln der Frustration entdecken, wenn uns die Furcht ergreift, daß unser Tun ohne Sinn ist, und wenn wir vielleicht sogar Angst haben, unsere Furcht wahrzunehmen, dann müssen wir versuchen, sie in der Form der Klage vor Gott auszusprechen.

3. Wir müssen *uns nehmen, wie wir sind*. Wenn wir zum Beispiel über die Armen reden, ist es uns stets eine Qual, daß wir ihre Situation nicht wirklich teilen können. Wir haben in unserem Leben Bildung und Kultur erfahren und werden niemals mehr wie die armen Leute sein, was immer uns auch zustoßen kann.

Wie verhalten wir uns? Vielleicht so wie die 68'er Generation, die mit ungepflegten Bärten und nachlässigem Aussehen sich mit denen solidarisieren wollte, die nichts hatten? Solch ein Verhalten wäre absurd. Wir müssen dem Herrn dankbar sein, daß wir die sind, die wir sind, und wir müssen überlegen, was wir *hier und jetzt* für den Bruder tun können, der anders ist als wir. Und wir müssen darüber nachdenken, was wir von ihm empfangen können, denn wenn er soweit ist, wird er dieselben Fragen stellen. Das, was zählt, ist, daß ich von mir aus Gott antworte und daß ich die anderen liebe, soviel ich kann. Über sich selbst hinauszusteigen, ist eine Forderung des Teufels.

Ijob hilft uns dabei, diese Luftschlösser einzureißen, damit wir demütig uns selbst und die Brüder und Schwestern annehmen können, besteht doch die Wahrheit darin, daß wir uns einander schenken. Der Anspruch, sich in jeden hineinzuversetzen, um so die nach allen Seiten perfekte Lösung zu finden, erweist sich letztendlich als großer Fehlschluß. Wie oft meinen wir zum Beispiel, der Armut der afrikanischen Völker abzuhelfen, und vertun uns dabei total; wir setzen Zeichen, auf die nicht reagiert wird. Wenn ich mich dagegen bemühe, diesem Volk in Liebe zuzuhören, merke ich, daß ich vieles empfangen kann. Und wenn ich auch ihre Mentalität nicht ganz verstehe, gibt es Beziehungen eines existentiellen Austausches, die uns erlauben zu sagen: Herr, ich habe getan, was ich konnte in der Nachfolge deines Sohnes; schenke mir nun dein Erbarmen.

Diese nüchterne Einsicht, die natürlich dem Verstand Opfer auferlegt, ist schwierig und kommt mit dem Alter und der Erfahrung. Solange wir jung sind, nehmen wir nicht an, daß unser Verstand in seiner Fähigkeit beschränkt ist, nicht in der Lage, alles und uns selber als Ganzes zu verstehen, und von da aus den anderen als Ganzes zu verstehen.

4. *„In allen meinen Prüfungen habt ihr bei mir ausgeharrt."* Unter diesem Leitmotiv stehen diese geistlichen Übungen. Fragen wir Jesus im Garten von Getsemani:

„Herr, hast du jemals Augenblicke erlebt, in denen dir alles seltsam, fade und ohne Sinn vorkam, in denen du zu nichts mehr Lust hattest und keinen Anreiz mehr spürtest? Und wie hast du sie durchgestanden?"

Auch der heilige Karl Borromäus berichtet davon, daß er Frustration erlebt hat, das Gefühl der Vergeblichkeit, den Widerwillen. Als ihn sein Cousin Federigo einmal fragte, wie er sich in diesen Momenten verhalte, zeigte er ihm das Büchlein mit den Psalmen, das er immer in seiner Tasche hatte. Er griff auf die Klagepsalmen zurück, um seinem Leid Ausdruck zu verleihen, und zugleich, um aus der Begegnung mit dem Geheimnis des lebendigen Gottes Kraft und Vertrauen zu schöpfen.

Bitten wir den Herrn darum, daß auch wir uns an den reinigenden und erquickenden Brunnen der biblischen Klage begeben können.

Dritte Meditation

Ijob erforscht sein Gewissen

Die Lektüre des Buches Ijob birgt eine gewisse theologische Gefahr in sich, die der Philosoph *Emanuele Severino* in seinem Artikel „Die Gefahr für den Glauben beim ,ironischen' Sokrates" anklingen läßt:

„Dem König Midas, der von ihm wissen wollte, welches das Beste und Erstrebenswerteste für den Menschen sei, antwortete Silen" – der für die dionysische Weisheitstradition steht – „schließlich, nachdem er lange geschwiegen hatte: Du Unglücklicher und Vergänglicher, Sohn des Zufalls und der Strafe, warum zwingst du mich, dir zu sagen, was für dich von Vorteil ist, wenn du es nicht weißt? Das Beste ist für dich absolut nicht erreichbar: nicht geboren zu sein, nicht zu leben, *nichts* zu sein. Das Zweitbeste für dich aber ist es, bald zu sterben (also baldmöglichst ins Nichts zurückzukehren)" („Corriere della Sera" vom 21. 8. 1989).

Das theologische Problem Ijobs läßt sich in die Frage fassen: Worin liegt der Unterschied zwischen solch einer Aussage und den Worten des 3. Kapitels?

Ein gewisser Gleichklang der Sprache fällt auf: Manchmal sind die Worte identisch, ihre Bedeutung aber ist völlig unterschiedlich, denn der Mensch in der Bibel steht dem Leben weder skeptisch gegenüber, noch ist er von ihm enttäuscht.

So sind wir aufgerufen, in den für uns unfaßbaren Abgrund der wahren und geheimnisvollen Erkenntnis Gottes einzutreten. Und davor haben wir Angst. Wenn das

56

Buch Ijob heute einer Glaubens- oder Theologenkommission übergeben werden würde, die über seine Aufnahme in den Kanon zu befinden hätte, fiele die Entscheidung wohl – aus Angst, Unbehagen und Verwirrung zu erzeugen – negativ aus.

Doch als Wort Gottes im Kanon lädt uns das Buch Ijob ein, die Mühe seiner Lektüre auf uns zu nehmen und Gott um den Geist des Gebetes zu bitten, um Demut und Anbetung, damit wir uns nicht von rein rationalen Erkenntnisbegriffen irritieren lassen. Der grenzenlosen Liebe entsprechen grenzenlose Geheimnisse. Und wenn wir den ersten befremdlichen Eindruck des Unbehagens überwunden haben, wollen wir die verschiedenen schwierigen Wege des Wortes beschreiten, ohne im voraus zu wissen, wohin es uns führen wird.

„Herr, hilf uns, dich wahrhaftig, neu und tiefgründend zu erkennen. Auch wenn es Worte gibt, die wir nicht verstehen, laß uns mit dem Herzen dein Geheimnis erspüren, das alles Erkennen übersteigt.

Die Übung der Geduld im Geiste, der dornige Weg der Einsicht sollen uns zum Zeichen einer Wahrheit werden, die mit den Regeln des menschlichen Verstandes nicht einfach einzuholen ist; es ist eine Wahrheit, die alles übersteigt und gerade deshalb nie endendes Licht ist, ein unergründbares Geheimnis und zugleich Nahrung für das Leben des Menschen, für seine Tragik und seine scheinbaren Absurditäten.

Hilf uns, dich zu erkennen und uns selbst, die Leiden der Menschheit, die Schwierigkeiten, mit denen viele Herzen ringen, und laß uns dich immer neu und wahrhaftig erfahren."

Ijobs letzter Monolog

Es ist in diesem Rahmen nicht möglich, das ganze Buch Ijob durchzugehen; darum überspringen wir einige Kapitel und wenden uns den Kapiteln 29, 30 und 31 zu. Sie enthalten den letzten, ausführlichen Monolog Ijobs.

Nach der Klage Ijobs in Kapitel 3 treten drei Freunde auf und führen mit Ijob nacheinander einen Dialog (Kapitel 4 bis 27). Als ein etwas mysteriöses Zwischenspiel folgt unerwartet das *Lied über die Weisheit* (Kap. 28), worauf in den Kapiteln 29, 30 und 31 der Monolog wiederaufgenommen wird, Ijobs letzter, ausführlicher Monolog, das letzte Wort vor dem Dialog mit Gott.

Betrachten wir diese drei Kapitel im Zusammenhang. *Die Gewissenserforschung Ijobs* soll uns dabei helfen, unser eigenes Gewissen zu ergründen.

Die nun folgende Betrachtung schließt sich eng an den Kommentar von *Gianfranco Ravasi (Giobbe, Roma ²1984)* und an dessen Übersetzung an. Bei der Gliederung seiner Arbeit folgt Ravasi den beiden im Text vorgegebenen Zäsuren und bietet damit einen ersten Schlüssel zum Verständnis des Textes.

Kapitel 29 überschreibt er: *Der Gesang der Vergangenheit und der Sehnsucht.* Er weist darauf hin, daß alle Verben in der Vergangenheitsform erscheinen; Ijob ruft die Ereignisse und ihr Umfeld ins Gedächtnis.

Kapitel 30: *Der Gesang der Gegenwart und des Schreckens.* Er beginnt mit den Worten „jetzt" und „nun".

Kapitel 31: *Der Gesang der Zukunft und der Schuldlosigkeit.* Im Rückblick auf sein vergangenes Leben bekennt sich Ijob – ausgehend von ethischen Kriterien, die er der Reihe nach überprüft – in allen Punkten als unschuldig; schließlich fordert er von Gott, er möge seine Argumente gegen ihn vorbringen.

1. *Kapitel 29.* „Dann setzte Ijob seine Rede fort und
   sprach:
Daß ich doch wäre wie in längst vergangenen Monden,
wie in den Tagen, da Gott mich beschirmte,
als seine Leuchte über meinem Haupt erstrahlte,
in seinem Licht ich durch das Dunkel ging.
So wie ich in den Tagen meiner Frühzeit war,
als Gottes Freundschaft über meinem Zelte stand,
als der Allmächtige noch mit mir war,
meine Kinder mich umgaben,
als meine Schritte sich in Milch gebadet,
Bäche von Öl der Fels mir ergoß" (Vv. 1–6).

Hier, in der ersten Strophe, beschreibt sich Ijob als einen,
der *die Freude* erlebt, *Freund Gottes* zu sein. Er fühlte
sich Gott nahe im Gebet und im täglichen Leben mit seinen schwierigen Situationen, und er erfreute sich seiner
dauernden Nähe.

„Ging ich durchs Tor zur Stadt hinauf,
ließ ich auf dem Platz meinen Sitz aufstellen;
sahen mich die Jungen, so traten sie scheu beiseite,
die Alten standen auf und blieben stehen.
Fürsten hielten mit Reden sich zurück
und legten ihre Hand auf ihren Mund.
Der Edlen Stimme blieb stumm,
am Gaumen klebte ihre Zunge.
Hörte mich ein Ohr, pries es mich glücklich,
das Auge, das mich sah, stimmte mir zu" (Vv. 7–11).

In diesem zweiten Abschnitt berichtet Ijob nicht nur
von seinen persönlichsten Berührungen mit dem Geheimnis Gottes, sondern auch von seiner Verbundenheit mit den Menschen seiner Umgebung:

„Denn ich rettete den Armen, der schrie,
die Waise, die ohne Hilfe war.
Der Segen des Verlorenen kam über mich,
und jubeln ließ ich der Witwe Herz.
Ich bekleidete mich mit Gerechtigkeit,
wie Mantel und Kopfbund umhüllte mich mein Recht.
Auge war ich für den Blinden,
für den Lahmen wurde ich zum Fuß.
Vater war ich für die Armen,
des Unbekannten Rechtsstreit prüfte ich.
Ich zerschmetterte des Bösen Kiefer,
entriß die Beute seinen Zähnen" (Vv. 12–17).

Ijob war ein Gerechter; ein Mann, der sich tatkräftig um
die Armen kümmerte. Davon legte jeder, der ihn sah,
Zeugnis ab. Ijob geht schrittweise von der Verteidigung
seiner selbst, die sich einzig auf seine Person konzen-
trierte, weiter und betrachtet nun den sozialen Aspekt;
das Leid hat ihm die Augen geöffnet, und er sah die Notwendigkeit, sich den am meisten Vernachlässigten und
Entrechteten zuzuwenden.

„So dachte ich: Mit meinem Nest werde ich verscheiden
und gleich dem Phönix meine Tage mehren.
Meine Wurzel reiche bis an das Wasser,
auf meinen Zweigen nächtige Tau.
Neu bleibe mir meine Ehre,
mein Bogen verjünge sich in meiner Hand" (Vv. 18–20).

Das war der Traum seiner alten Tage: Ijob war sich sicher, ein fruchtbares Leben geführt zu haben, einer im-
merwährenden Jugend vergleichbar.

„Auf mich horchten und warteten sie,
lauschten schweigend meinem Rat.

60

Wenn ich sprach, nahm keiner das Wort;
es träufelte nieder auf sie meine Rede.
Sie harrten auf mich wie auf Regen,
sperrten den Mund wie nach Spätregen auf.
Lächelte ich denen zu, die ohne Vertrauen,
sie wiesen das Leuchten meines Gesichts nicht ab.
Ich bestimmte ihr Tun, ich saß als Haupt,
thronte wie ein König inmitten der Schar,
wie einer, der Trauernde tröstet" (Vv. 21–25).

In diesem letzten Abschnitt blickt Ijob noch einmal zurück und hebt besonders seinen politischen Einsatz hervor, den Einfluß, den seine Gegenwart auf die Gesellschaft ausübte.

So ist das Kapitel 29 ein Lied der Sehnsucht; ein Lied, das das Gute, das im Leben vollbracht wurde, ins Gedächtnis ruft, einen Zustand des Friedens und der Heiterkeit, in dem er alle Arten von Leistungen vollbringen konnte.

Ijob war gerecht und gut, er liebte die Armen, und es wurde ihm vergolten. Er wurde geehrt, gehört und geachtet: Alles in allem ein Zustand, der jetzt durch den neuen Verlauf, den seine Geschichte nimmt, in Frage gestellt wird.

2. *Kapitel 30.* Diesen *Gesang der Gegenwart und des Schreckens* teilt Gianfranco Ravasi in sieben kurze Abschnitte auf, die einer nach dem anderen das Verhalten eines Menschen beschreiben, der immer tiefer absteigt: gedemütigt, verachtet, angegriffen, erschreckt, von Gott bekämpft, weinend und leidend.

Der gedemütigte Ijob:
Jetzt aber lachen sie über mich,
die jünger sind als ich an Tagen,

61

deren Väter ich nicht für wert geachtet,
sie bei den Hunden meiner Herde anzustellen.
Was sollte mir auch ihrer Hände Kraft?
Geschwunden war ihre Rüstigkeit
durch Mangel und durch harten Hunger;
Leute, die das dürre Land abnagen,
das Gras der Wüste und der Wüstenei.
Sie pflücken Salzmelde im Gesträuch,
und Ginsterwurzeln sind ihr Brot.
Aus der Gemeinschaft wurden sie verjagt;
man schreit ihnen nach wie einem Dieb.
Am Hang der Täler müssen sie wohnen,
in Erdhöhlen und in Felsgeklüft.
Zwischen Sträuchern schreien sie kläglich,
drängen sich zusammen unter wildem Gestrüpp.
Blödes Gesindel, Volk ohne Namen,
wurden sie aus dem Land hinausgepeitscht" (Vv. 1–8).

Der verachtete Ijob:
„Jetzt aber bin ich ihr Spottlied,
bin zum Klatsch für sie geworden.
Sie verabscheuen mich, rücken weit von mir weg,
scheuen sich nicht, mir ins Gesicht zu speien"

(Vv. 9–10).

Der angegriffene Ijob:
„Denn Gott löste mein Seil und beugte mich nieder,
sie aber ließen die Zügel vor mir schießen.
Zur rechten Seite erhebt sich eine Schar,
treibt meine Füße weg,
wirft gegen mich Unheilsdämme auf.
Meinen Pfad reißen sie auf, helfen zu meinem
    Verderben,
und niemand wehrt ihnen.
Wie durch eine breite Bresche kommen sie heran,
wälzen sich unter Trümmern her" (Vv. 11–14).

Indessen ist Gott der eigentlich Handelnde in dieser offenen Schlacht gegen einen gedemütigten und verachteten Menschen.

Der erschreckte Ijob:
„Schrecken stürzen auf mich ein,
verjagt wie vom Wind ist mein Adel,
wie eine Wolke entschwand mein Heil.
Und nun zerfließt die Seele in mir,
des Elends Tage packen mich an.
Des Nachts durchbohrt es mir die Knochen,
mein nagender Schmerz kommt nicht zur Ruh.
Mit Allgewalt packt er mich am Kleid,
schnürt wie der Gürtel des Rockes mich ein.
Er warf mich in den Lehm,
so daß ich Staub und Asche gleiche" (Vv. 15–19).

Und als ob es nicht genug wäre, *bekämpft ihn Gott:*
„Ich schreie zu dir, und du erwiderst mir nicht;
ich stehe da, doch du achtest nicht auf mich.
Du wandelst dich zum grausamsten Feind gegen mich,
mit deiner starken Hand befehdest du mich.
Du hebst mich in den Wind, fährst mich dahin,
läßt mich zergehen im Sturmgebraus.
Ja, ich weiß, du führst mich zum Tod,
zur Sammelstätte aller Lebenden" (Vv. 20–23).

Darum muß Ijob *weinen:*
„Doch nicht an Trümmer legt er die Hand. –
Schreit man nicht um Hilfe beim Untergang?
Weinte ich nicht um den, der harte Tage hatte,
grämte sich nicht meine Seele über den Armen?
Ja, ich hoffte auf Gutes, doch Böses kam,
ich harrte auf Licht, doch Finsternis kam.
Mein Inneres kocht und kommt nicht zur Ruhe,
mich haben die Tage des Elends erreicht" (Vv. 24–27).

So im Stich gelassen, lebt Ijob in größter Finsternis; er ist
unglücklich und *leidet*:
„Geschwärzt, doch nicht von der Sonne gebrannt,
stehe ich auf in der Gemeinde, schreie laut.
Den Schakalen wurde ich zum Bruder,
den Straußenhennen zum Freund.
Die Haut an mir ist schwarz,
von Fieberglut brennen meine Knochen.
Zur Trauer wurde mein Harfenspiel,
mein Flötenspiel zum Klagelied" (Vv. 28–31).

3. Nachdem Ijob seine gegenwärtige schreckliche Situation beschrieben hat, erhebt sich dieser Mann nun wie
mit einem Sprung zu einem *Gesang über die Zukunft
und die Schuldlosigkeit.*

Kapitel 31:
„Einen Bund schloß ich mit meinen Augen,
nie eine Jungfrau lüstern anzusehen.
Was wäre sonst mein Teil von Gott dort oben,
mein Erbe vom Allmächtigen in der Höhe?
Ist nicht Verderben dem Frevler bestimmt
und Mißgeschick den Übeltätern?
Sieht er denn meine Wege nicht,
zählt er nicht alle meine Schritte?
Wenn ich in Falschheit einherging,
wenn zum Betrug mein Fuß eilte,
dann wäge Gott mich auf gerechter Waage,
so wird er meine Unschuld anerkennen.
Wenn mein Schritt vom Wege wich,
mein Herz meinen Augen folgte,
an meinen Händen Makel klebte,
dann esse ein anderer, was ich säe,
entwurzelt werde, was mir sproßt.
Wenn sich mein Herz von einer Frau betören ließ

64

und ich an der Tür meines Nachbarn lauerte,
dann mahle meine Frau einem anderen,
und andere sollen sich beugen über sie.
Denn das wäre eine Schandtat
und ein Verbrechen, von Richtern zu strafen.
Denn das wäre Feuer, das zum Abgrund frißt
und meine ganze Habe entwurzelt" (Vv. 1–12).

Der Ton hat nun gewechselt und schlägt gleichsam um in eine Sprache des moralischen und sozialen Bekenntnisses.

Ijob erklärt sich für schuldlos. Er hat keine Sünde gegen die Schamlosigkeit, die Falschheit und den Ehebruch begangen. Ravasi listet in diesem Zusammenhang einige interessante Parallelen zum altorientalischen Denken auf, wo der Tote, wenn er sich den Göttern vorstellte, ein Bekenntnis seiner Schuldlosigkeit ablegen mußte.

Beachtenswert ist in diesem Zusammenhang unter anderem eine Textstelle aus dem altägyptischen *Totenbuch*:
„Ich habe nicht gegen die Menschen gefehlt.
Ich habe das Vieh nicht schlecht behandelt.
Ich habe Gott nicht gelästert.
Den Armen habe ich nicht geschlagen.
Krankheiten habe ich keine verursacht.
Gierig war ich nicht.
Gemordet habe ich nicht.
Den (Toten-)Geistern habe ich keine Kuchen
    weggenommen.
Unzucht habe ich nicht begangen.
Unreine Taten habe ich keine getan.
Das Maß für das Feld habe ich nicht gefälscht ..."

Diese rituellen Anrufungen stieß der Tote aus, während er in der Barke über den Fluß gebracht wurde: Waren sie

65

wahr, blieb er unversehrt, waren sie unwahr, wurde er
vom Feuer verschlungen.

Doch die Worte Ijobs haben nicht eigentlich rituellen
und rechtfertigenden, sondern, wie schon erwähnt, moralischen Charakter.

So geht er dazu über, seine Schuldlosigkeit den Skla-
ven gegenüber zu erklären, die er immer gerecht behandelt hat:
„Wenn ich das Recht meines Knechts mißachtet
und das meiner Magd im Streit mit mir,
was könnt' ich tun, wenn Gott sich erhöbe,
was ihm entgegnen, wenn er mich prüfte?
Hat nicht mein Schöpfer auch ihn im Mutterleib
  erschaffen,
hat nicht der Eine uns im Mutterschoß gebildet?"

(Vv. 13–15).

Dann verteidigt sich Ijob gegen den Einwand des Elifas
und bekräftigt, daß er den Armen gegenüber wohltätig
war:
„Wenn ich der Armen Wunsch versagte,
verschmachten ließ der Witwe Augen,
wenn ganz allein ich meinen Bissen aß,
das Waisenkind aber nicht davon aß –
von Jugend an hat wie ein Vater er mich großgezogen,
vom Mutterschoß an mich geleitet –,
wenn ich den Verlorenen sah ohne Kleid
und ohne Decke den Verarmten,
wenn nicht seine Lenden mir dankten,
er nicht von der Schur meiner Lämmer sich wärmte,
wenn meine Hand der Waise drohte,
weil ich am Tor Helfer für mich sah,
dann falle die Schulter mir von Nacken,
breche der Arm mir aus dem Gelenk.

66

Ja, Schrecken träfe mich, Gottes Verderben,
vor seiner Hoheit hielte ich nicht stand" (Vv. 16–23).

Zu der Anklage, er habe seinen Reichtum mißbraucht
und Götzendienst getrieben, erklärt er:
„Wenn ich auf Gold meine Hoffnung setzte,
zum Feingold sprach: Du meine Zuversicht!,
wenn ich mich freute, daß groß mein Vermögen,
daß viel erreicht hat meine Hand,
wenn ich die leuchtende Sonne sah, wie sie strahlte,
den Mond, wie er herrlich dahinzog,
wenn heimlich sich mein Herz betören ließ
und meine Hand dem Mund zum Kuß sich bot,
auch das wäre ein Verbrechen, vom Richter zu strafen,
denn Gott da droben hätte ich verleugnet" (Vv. 24–28).

Weiter verteidigt sich Ijob gegen den Vorwurf des Hasses
und des Verrats an der Gastfreundschaft:
„Wenn ich am Unglück meines Feindes mich freute
und triumphierte, daß Unheil ihn traf –
habe ich doch meinem Mund zu sündigen verboten,
sein Leben mit Fluch zu verwünschen.
Wenn meine Zeitgenossen nicht gestanden:
Wer wurde von seinem Fleisch nicht gesättigt?
Kein Fremder mußte draußen übernachten,
dem Wanderer tat meine Tür ich auf" (Vv. 29–32)

Schließlich, gegen den Vorwurf der Heuchelei und der
Ausbeutung:
„Wenn ich nach Menschenart meine Frevel verhehlte,
meine Schuld verbarg in meiner Brust,
weil ich die große Menge scheute
und die Verachtung der Sippen mich schreckte,
so schwiege ich still und ginge nicht zur Tür hinaus.
Wenn über mich mein Acker schrie,

seine Furchen miteinander weinten,
wenn seinen Ertrag ich verzehrte, ohne zu bezahlen,
das Verlangen seines Herrn ich unerfüllt ließ,
sollen Dornen wachsen statt Weizen,
statt Gerste stinkendes Kraut" (Vv. 33–34, 38–40).

Es ist eine ausführliche Gewissenserforschung, nach der Ijob sich in all den verschiedenen Aspekten der menschlichen Existenz für gerecht befindet.

Die Verse 35–37 bilden die *abschließende Herausforderung an Gott*. Wahrlich, wenn Gott gerecht ist, dann kann er nicht schweigen, sondern muß das Bekenntnis Ijobs bestätigen:
„Gäbe es doch einen, der mich hört.
Das ist mein Begehr, daß der Allmächtige mir Antwort gibt:
Hier ist das Schriftstück, das mein Gegner geschrieben.
Auf meine Schulter wollte ich es heben,
als Kranz es um den Kopf mir winden.
Ich täte die Zahl meiner Schritte ihm kund,
ich nahte mich ihm wie ein Fürst."

So endet dieser lange und ausführliche Monolog Ijobs, der reich an Poesie und voller Bilder ist. Wir müssen ihn wiederholt aufmerksam lesen, um uns dem Geheimnis Gottes und des Menschen, das in ihm zur Sprache kommt, zu nähern.

Impuls für die Besinnung

Bei der Betrachtung und der persönlichen Erforschung sollen drei Überlegungen helfen.

– Die erste ist: *solch ein Mensch hat nie existiert*. Es handelt sich um eine theoretische Projektion, um einen

68

Grenzfall, die Projektion eines paradiesischen Adam, der alles immer nur gut macht.

Warum müssen wir dann versuchen, diesen hypothetischen Menschen zu verstehen, der die ganze Welt vor Gericht stellt und behauptet, nie irgend jemandem etwas Böses angetan zu haben und auch nicht einmal einen schwachen Moment gehabt zu haben?

Um uns davon zu überzeugen, daß – selbst wenn ein Mensch wie Ijob existiert haben sollte –, dieser nicht von der dramatischen Prüfung, wie wir sie in Kapitel 30 finden, verschont geblieben wäre.

Die Prüfung gehört zuinnerst zu der Beziehung zwischen Gott und Mensch, die nicht einfach auf der ausgleichenden Gerechtigkeit beruht, sondern auf der bedingungslosen Liebe und die dennoch die Prüfung mit sich bringt.

– Dennoch: der behaupten kann: Wer von euch wird mich einer Sünde überführen?, *hat gelebt: es ist Jesus.* Er war nicht der Prüfung der bedingungslosen Liebe uns gegenüber unterzogen, und das heißt, daß das Thema *Prüfung* nicht einfach an Schuld, Läuterung und den Ausweg aus einer nicht authentischen Situation gebunden ist. Vielmehr ist es an die Wahrheit der freien Beziehungen zwischen Gott und Mensch geknüpft, an die absolute Gnadenhaftigkeit dieser Beziehungen, die in dem Augenblick ans Licht kommen, da die Leistungen aufhören.

Der Verfasser des Buches Ijob ist auf der Suche nach einem Zugang zum Geheimnis Gottes, der der Prüfung einen Sinn gibt; einen Sinn, der sie nicht einfach als Reinigung von der Sünde erklärt.

Diesen Zugang finden wir im Gekreuzigten.

– Unsere Lage ist jedenfalls von der des gerechten Ijob klar unterschieden. Wir können den Gedankengang der Kapitel 29 und 31 noch einmal durchgehen und uns dabei fragen: Wie stehen wir zu den Gegebenheiten und den Beziehungen unseres Lebens, zu den ethischen Geboten? Welche Sünden haben wir begangen, was haben wir unterlassen?

Wir wollen uns dieser Sünden anklagen, nicht einfach, um der Strafe zu entfliehen, nicht um eine Beziehung zu Gott aufzubauen, die auf Gerechtigkeit basiert; wir wollen vielmehr *auf der Suche sein nach diesem vollkommenen Schmerz, der der Liebe entspringt,* wir wollen dem folgen, was uns der Weg Ijobs aufzeigt, zumindest diesen geheimnisvollen Versuch unternehmen. Wir wollen uns unserer Schuld anklagen aus reiner Liebe, damit Gott gelobt, gepriesen und geheiligt werde, um mit ihm in eine Bundesbeziehung einzutreten.

Wir sind zur Wahrheit und Freiheit unserer Beziehung zu Gott gerufen; dazu, mit ihm in einer festen Freundschaft zu leben: Ich habe euch Freunde genannt, nicht Knechte ... Ihr habt mit mir ausgeharrt in all meinen Prüfungen, aus Liebe und nicht nur, um euch und euren Vorsätzen treu zu bleiben.

Die dramatischen Seiten des Ijobbuches lassen uns diese tiefe Suche des menschlichen Herzens erahnen, das nach einer Beziehung zu Gott verlangt, die den reinen Gehorsam und die reine Gerechtigkeit übersteigt; einer Beziehung, in der sich die Freiheit eines jeden aufs Spiel setzt, die Freiheit, sich zu verschenken, sich zu gewähren, sich zu schenken, rein und uneigennützig.

„Herr, laß uns auf den schwierigen Seiten dieses Buches deinen Wunsch erkennen, uns dir gleichzugestalten, uns deinem Sohn anzugleichen, uns in eine trinitarische Beziehung einzuführen, in dieses Geheimnis der Liebe und des Geschenkes, das das Innerste deines Wesens ausmacht. Maria, Mutter Jesu und unsere Mutter, bewirke du, daß auch wir einen Funken von diesem tiefen Geheimnis Gottes erspüren.“

70

Gebenedeit unter den Frauen

Homilie

Der zweite Tag unserer Exerzitien fällt auf den Gedenk-
tag Maria Königin, am Oktavtag von Mariä Himmel-
fahrt. Er soll uns daran erinnern, daß wir diese Exerzitien so leben, wie Maria die Worte hörte und in ihrem
Herzen zum Gebet werden ließ.

Es wird von uns nicht verlangt, daß wir neue Erkenntnisse erzielen, auch wenn diese ihren Sinn und Nutzen
haben, sondern daß wir in Liebe und Gebet das Herz öffnen, daß wir Jesus näherkommen, so wie auch Maria
ihm lange im Schweigen nahe war, um unseren Geist
mit dieser inneren Bereitschaft zu nähren, die als Stütze
auf unserem geistlichen Weg so wichtig ist.

– Lukas überliefert in seinem Bericht vom Besuch Marias bei Elisabet (Lk 1,39–47) die ersten Preisungen, die
ihr erwiesen werden, die erste Verkündigung ihrer Seligkeit: „Gesegnet bist du mehr als alle anderen Frauen,
und gesegnet ist die Frucht deines Leibes ... Selig ist die,
die geglaubt hat, daß sich erfüllt, was der Herr ihr sagen
ließ."

Diese Worte hören sich an wie das Gegenteil des Aus-
rufs Jeremias: „Verflucht der Tag, an dem ich geboren
wurde" (Jer 20,14). Denn sie preisen das Werk, das Gott
in Maria vollbracht hat, und der Lobpreis äußert sich in
Jubel. Für den Menschen ist dieser Jubel um so größer, je
tiefer sein Gespür für Einsamkeit und Verzweiflung ist,
die ihm drohen, wenn er das Geheimnis Gottes nicht
wahrnimmt. Wie der Prophet Jesaja sagt: Die Vermeh-

71

rung der Freude, das Wachsen der Fröhlichkeit, das Sich-Freuen, das der Freude bei der Ernte gleicht, der Jubel dessen, der die Beute teilt, wiegen das Dunkel auf, in dem das Volk wanderte, das „Wohnen im Land der Finsternis" (vgl. Jes 9,2–4).

Die Erfahrung des Dunkels und der Sinnlosigkeit, der wir alle durch die Sündhaftigkeit der Menschheit ausgeliefert sind, diese Erfahrung läßt das Geheimnis der Liebe Gottes mit noch größerer Freude und Jubel aufstrahlen.

In Maria scheint die Seligkeit jeder Frau und jedes Mannes auf, die sich umfangen wissen vom Geheimnis des Bundes Gottes: „Gesegnet bist du mehr als alle anderen Frauen, und gesegnet ist die Frucht deines Leibes, selig ist die, die geglaubt hat."

– Wenn wir jedoch das Los Marias näher betrachten, bemerken wir, daß sie hier, nach diesen Worten, zwar in hellem Licht erscheint, aber bald schon von neuem in das Dunkel eintritt. Im Leben Marias gibt es mehr Situationen, die sie nicht versteht, als solche, in denen sie die Verheißung verwirklicht sieht: Ihr Sohn kommt in Armut zur Welt, er wird von vielen im Stich gelassen, in seinem Leben scheint nichts auf von der Größe, die der Engel vorhergesagt hatte.

Jahr um Jahr lebt sie in großem Schmerz, erfreut sich der unmittelbaren Gegenwart des Sohnes und sieht gleichzeitig, wie ihm die Welt mit absolutem Unverständnis begegnet.

Maria nimmt diese harte Prüfung auf sich. Sie ist den Pilgerweg des Glaubens bis hin zum Dunkel des Kalvarienberges zu Ende gegangen. Die Seligpreisung am Anfang hat ihr keine der aufeinanderfolgenden Prüfungen ihres Lebens erspart; die Seligpreisung war nur ein Wort, das sie in ihrem Glauben und ihrem Vertrauen begleitet hat.

Wir wollen Maria all unsere Dunkelheiten anvertrauen; auch die Dunkelheiten, in denen die Menschen leben, die wir kennen, die uns am Herzen liegen, uns nahe sind, für die wir beten. Die Dunkelheiten, durch die die große Mehrheit der Frauen und Männer in der Welt hindurchgeht. Bitten wir den Herrn, er möge uns verstehen lassen, wie auch wir in Jesus gesegnet sind und wie die Freude, die das Herz Marias und Elisabets erfüllt hat, auch unsere Freude sein kann, wenn wir eine – auch noch so entfernte – Ahnung von dem geheimnisvollen Reichtum haben, der in den Worten des Herrn liegt.

„Maria, laß du uns so in das Geheimnis deiner Prüfung eintreten, daß wir von nun an wiederholen können: ‚Meine Seele preist den Herrn.‘

Mach, daß wir auch im Tal unserer Dunkelheit ausrufen können: ‚Mein Geist jubelt über Gott, meinen Retter.‘

Mach, daß wir uns fragen, ob dies unsere tägliche Haltung ist, ob wir uns aus dem Jammern erheben können in die Verherrlichung des göttlichen Geheimnisses, uns ganz in das Geheimnis hineinsinken lassen, das uns – im Dunkel oder im Licht – immer und unwiderruflich in seinen Armen hält.

Gib, daß wir verstehen und uns wie du dem Geheimnis des Bundes anvertrauen.“

Vierte Meditation

Mäßigung und Erkenntnis

„Herr, unser Gott, du unfaßbares Geheimnis! Du wohnst im ewigen Licht, und keiner vermag es zu schauen, nur dein Sohn, der es uns vom Kreuz herab geoffenbart hat. Hilf uns, in das Geheimnis Jesu einzudringen, damit wir durch die Gnade des Heiligen Geistes etwas von dir erkennen können. Laß uns in dieses Geheimnis eindringen mit Geduld und in Demut. Laß uns dessen bewußt werden, daß wir unwissend sind und es in deiner dreifaltigen Liebe und in deinem Heilsplan so vieles gibt, das wir noch nicht kennen. Hilf uns, demütig zu werden in unserer Unwissenheit, damit zumindest ein Funke an Erkenntnis uns dieses Geheimnis erhelle, das uns in Ewigkeit sättigen wird.

Wir bitten dich darum auf die Fürsprache Marias hin, die einen tiefen Glauben ohne unmittelbare Erkenntnis hatte, und die als erste von uns auch schon in unserem Namen zur wahren Erkenntnis deiner Herrlichkeit gelangt ist."

Nachdem wir Ijob gehört haben, wollen wir uns nun seinem Gegenüber zuwenden: *Gott,* um uns so der Erkenntnis seines Geheimnisses zu nähern. Dazu wollen wir drei Kapitel des Buches Ijob betrachten:

Zuerst Kapitel 9, in dem Ijob über Gott spricht; sodann Kapitel 28, worin ein Unbekannter von Gott spricht; schließlich die Kapitel 38 und 39, in denen Gott selbst zu Wort kommt.

Ijob akzeptiert nicht, daß er sich nicht kennt

Kapitel 9 ist die Antwort Ijobs auf die Worte Bildads von Schuach, der ihn trösten wollte. Er hatte mit Nachdruck darauf bestanden, daß an der Gerechtigkeit Gottes nie gezweifelt werden kann: und da Er gerecht ist, werden die Bösen bestraft und die Guten belohnt. Also kann Ijob beruhigt sein; seine Feinde wird Schmach bedecken (vgl. 8,20–22). Ijob akzeptiert dieses Grundprinzip und antwortet unverzüglich, ja er verschärft es sogar noch: „Wahrhaftig weiß ich, daß es so ist: Wie wäre ein Mensch bei Gott im Recht!" (9,2)

In den folgenden Versen spricht er etwas ironisch von dieser Sicherheit: vor Gott kann keiner widerstehen. Er hat in allem, immer und in jedem Fall Recht. Er fügt hinzu:
„Wie sollte denn ich ihm entgegnen,
wie meine Worte gegen ihn wählen?" (9,14)

Hier schlägt seine Sicherheit in leidvollen Zweifel um: Gott hat derart Recht, daß selbst wenn ich im Recht wäre, ich es nicht erhalten würde. Von dieser Stelle an beginnt Ijob an sich selbst zu zweifeln: Wer bin ich denn? Habe ich Recht oder nicht?

Seine Worte sind typisch für die Haltung eines Menschen, dessen Leid das Höchstmaß erreicht hat. Man kann das so ausdrücken: Ijob akzeptiert nicht, daß er sich nicht kennt, der Gedanke quält ihn, daß er nicht sicher zu wissen vermag, ob er gerecht ist oder nicht; er ist davon überzeugt, daß er es ist, und doch will er, daß es ihm gesagt wird; die Ungewißheit nagt an ihm.
„Und wär' ich im Recht, ich könnte nichts entgegnen,
um Gnade müßte ich bei meinem Richter flehen.
Wollte ich rufen, würde er mir Antwort geben?
Ich glaube nicht, daß er auf meine Stimme hört.
Er, der im Sturm mich niedertritt,

75

ohne Grund meine Wunden mehrt,
er läßt mich nicht zu Atem kommen,
er sättigt mich mit Bitternis.
Geht es um Kraft, er ist der Starke,
geht es um Recht, wer lädt mich vor?
Wär' ich im Recht, mein eigener Mund spricht mich
    schuldig,
wäre ich gerade, er machte mich krumm" (9,15–20).

In Vers 21 stellt er die erschütternde Frage:
„Schuldlos bin ich, doch achte nicht auf mich,
mein Leben werfe ich hin.
Einerlei; so sag' ich es denn:
Schuldlos wie schuldig bringt er um.
Wenn die Geißel plötzlich tötet,
spottet er über der Schuldlosen Angst.
Die Erde ist in Frevlerhand gegeben,
das Gesicht ihrer Richter deckt er zu.
Ist er es nicht, wer ist es dann?" (9,21–24).

Ijob ist auf dem Gipfel seines Schmerzes; er versteht nichts mehr, er weiß nicht mehr, wer er ist; er fühlt sich im Recht, aber er weiß nicht mehr, was gerecht und ungerecht unterscheidet, und er kann sich nicht mehr Recht geben. Mit anderen Worten, er ist dabei, seine Identität zu verlieren: Wenn ich nur wüßte, warum ich so bin!

Dieses Thema verdient deshalb solch große Beachtung, weil es einen allgemeinen Zustand beschreibt, der sich nur äußerlich als paradoxer Grenzfall darstellt. Wie viele Menschen quälen sich mit ihrer Identität, wenn es auch nicht immer so schlimm aussieht! Es trifft besonders all jene, die keine streng festgelegten Aufgaben haben; wenn jemand zum Beispiel in einer Bank arbeitet, nimmt ihn die Arbeit vielleicht ganz in Beschlag, aber er weiß, daß das seine Pflicht ist und daß er Karriere machen wird, je nachdem, wie er seine Arbeit leistet. Eltern zum Beispiel haben dagegen keine festgesetzten Aufgaben, und deshalb quälen sie sich mit der Frage herum, was es heute heißt, Eltern zu sein, wie weit sie sich engagieren, wozu sie sich verpflichten und einbringen sollten. Und so sagen sich auch Lehrer und Seelsorger, besonders wenn es nicht gut läuft, wenn sie die Anerkennung nicht erhalten, die sie erwarten: Wenn ich nur wüßte, ob ich es gut mache oder nicht, wenn ich nur wüßte, was ich tun muß, wenn ich nur wüßte, ob ich all das tue, was ich tun muß ... Die Unsicherheit über die eigene Rolle quält: Wofür genau bin ich verantwortlich? Was erwartet man von mir, und was kann ich tun, um Anerkennung zu erhalten?

Ijob steht also auch für diese schmerzliche Unsicherheit über die eigene Person und für den Wunsch nach der Bestätigung, daß wir im Grunde gerecht sind, daß wir gerechtfertigt sind in dem, was wir tun und wie wir leben.

Weisheit, die alles Verstehen übersteigt

Betrachten wir im Licht dieses Ijob, der nicht akzeptieren kann, daß er sich nicht von Grund auf versteht, einige Passagen des mysteriösen Kapitels 28, von dem nicht bekannt ist, wie es in das Buch Eingang gefunden hat. Hier gibt es nicht, wie in den vorangegangenen Kapiteln, einen bestimmten Gesprächspartner; es handelt sich um einen durchgehenden Diskurs, ein Zwischenstück. Die Neue Jerusalemer Bibel merkt dazu an: „Die ursprüngliche Stellung und Bedeutung dieses Gedichtes innerhalb des Redestreites bleiben dunkel" (S. 744). Wir können also das Stück nicht einmal rechtfertigen; dennoch bringt es uns in all seiner Dunkelheit näher zum Kern unserer Überlegungen.

77

Eigentlich ist es eine Lobrede, eine Verherrlichung der Weisheit Gottes, nur liegt der Tenor auf der Aussage, daß der Mensch die Weisheit *nicht* kennt.

Das Kapitel beginnt folgendermaßen:
„Wohl gibt es einen Fundort für das Silber,
eine Stätte für das Gold, wo man es läutert.
Eisen holt man aus der Erde,
Gestein wird zu Kupfer geschmolzen.
Es setzt der Mensch dem Finstern eine Grenze;
er forscht hinein bis in das Letzte,
ins düstere, dunkle Gestein.
Stollen gräbt ein fremdes Volk;
vergessen, ohne Halt für den Fuß,
hängt es, schwebt es, den Menschen fern.
Die Erde, daraus das Brotkorn kommt,
wird in den Tiefen wie mit Feuer zerstört.
Fundort des Saphirs ist ihr Gestein,
und Goldstaub findet sich darin.
Kein Raubvogel kennt den Weg dahin;
kein Falkenauge hat ihn erspäht.
Das stolze Wild betritt ihn nicht,
kein Löwe schreitet über ihn ..." (28,1–8).

Der Text fährt mit wunderbaren poetischen Bildern fort, die zeigen, daß man alles erreichen kann, mit Ausnahme der Weisheit:
„Die Weisheit aber, wo ist sie zu finden,
und wo ist der Ort der Einsicht?" (28,12).

Dann beginnen die Negationen:
„Kein Mensch kennt die Schicht, in der sie liegt;
sie findet sich nicht in der Lebenden Land.
Die Urflut sagt: Bei mir ist sie nicht.
Der Ozean sagt: Bei mir weilt sie nicht.
Man kann nicht Feingold für sie geben,
nicht Silber als Preis für sie wägen.
Nicht wiegt sie Gold aus Ofir auf,

kein kostbarer Karneol, kein Saphir.
Gold und Glas stehen ihr nicht gleich,
kein Tausch für sie ist Goldgerät,
nicht zu reden von Korallen und Kristall;
weit über Perlen geht der Weisheit Besitz.
Der Topas von Kusch kommt ihr nicht gleich,
und reinstes Gold wiegt sie nicht auf . . ." (28,13-19).

Interessant ist, wie mit allem Nachdruck darauf hin-
gewiesen wird, daß die Weisheit sich nicht finden, nicht
kaufen und nicht verkaufen läßt. Schließlich wird die
Frage wiederaufgenommen: „Die Weisheit aber, wo
kommt sie her, / und wo ist der Ort der Einsicht?"
(28,20).

Die Antwort ist immer die gleiche:
„Verhüllt ist sie vor aller Lebenden Auge,
verborgen vor den Vögeln des Himmels.
Abgrund und Tod sagen:
Unser Ohr vernahm von ihr nur ein Raunen"

(28,21-22).

Und schließlich der Schlüssel zum ganzen Kapitel:
„Gott ist es, der den Weg zu ihr weiß,
und nur er kennt ihren Ort . . ." (vgl. 28,23).

Und der Schluß, der daraus gezogen wird:
„Seht, die Furcht vor dem Herrn, das ist Weisheit,
das Meiden des Bösen ist Einsicht" (28,28).

Ein Adverb sticht heraus, das wiederholt im Zusammenhang mit Gott verwendet wird – nur, allein, einzig.
Es ist eine der entscheidenden Aussagen der Menschen
der Bibel über den lebendigen Gott. Zuweilen erscheint
dieses Adverb in den Psalmen, wenn die Transzendenz
Gottes und zugleich sein Mitteilen verkündet werden:
„Der allein große Wunder tut" (Ps 136,4), der allein Himmel und Erde erschaffen hat; „In Frieden leg' ich mich
nieder und schlafe ein;/ denn du allein, Herr, läßt mich
sorglos ruhen" (Ps 4,9).

79

In der Heiligen Schrift geht das Gespür für die Einzig-artigkeit Gottes immer in eins mit der Aussage, daß wir in ihm allein Ruhe, Heil und Frieden finden.

Das Kapitel 28 führt einen bedeutenden Schritt wei-ter: Der Mensch erkennt sich nicht selbst, er braucht es sich nicht einzubilden, denn Gott allein ist das Urteil über seine Gerechtigkeit anvertraut, über seine Selbster-kenntnis, die Gewißheit, daß er ist und daß er wahr ist.

Behutsam antwortet Gott auf das Bangen Ijobs, der sein eigener Herr sein will und sich kennen will, der – im Himmel und auf Erden – Gewißheit darüber haben möchte, daß er gerecht ist, und daß er seinen Platz in der Welt in rechter Weise einnimmt.

Die Antwort Gottes

Wenden wir uns nun der Rede Gottes zu: Zu Beginn des Buches Ijob wurde Gott angerufen, zur Rechenschaft ge-stellt, er wurde in übler Weise angegangen und be-schimpft, und doch hat er ruhig zugehört, ohne die Fas-sung zu verlieren; ja wir können es uns geradezu bildhaft vorstellen, wie er sich die Phantasien Ijobs und seiner Freunde mit Liebe, Wohlwollen und Güte ange-hört hat.

Betrachten wir die Kapitel 38 und 39:

„Da antwortete der Herr dem Ijob aus dem Wetter-sturm" (38,1). Die Erscheinung Gottes erinnert an die Episode, in der der Prophet Elia etwas von diesem einen unergründbaren Geheimnis zu fassen bekommt.

Die Antwort Gottes ergießt sich gleichsam wie ein Strom von Fragen über Ijob; denn wie Ijob Gott mit Fra-gen bestürmte, so antwortet auch Gott ihm mit Fragen:

„Wer ist es, der den Ratschluß verdunkelt
mit Gerede ohne Einsicht?

Auf, gürte deine Lenden wie ein Mann:
Ich will dich fragen, du belehre mich!" – achten wir auf
den ironischen Unterton: ich gehe bei dir in die
Schule! –
„Wo warst du, als ich die Erde gegründet?
Sag es denn, wenn du Bescheid weißt.
Wer setzte ihre Maße? Du weißt es ja.
Wer hat die Meßschnur über ihr gespannt?
Wohin sind ihre Pfeiler eingesenkt?
Oder wer hat ihren Eckstein gelegt,
als alle Morgensterne jauchzten,
als jubelten alle Gottessöhne?" (38,2–7).

„Wo warst du?" – eine solche Frage löst bei dem, an
den sie gerichtet ist, Betroffenheit aus; und damit formt
sie sich um in die neue Frage: Wie konnte das geschehen,
wie hat sich das alles ereignet?

Etwas weiter lesen wir:
„Bist du zu den Quellen des Meeres gekommen,
hast du des Urgrunds Tiefe durchwandert?
Haben dir sich die Tore des Todes geöffnet,
hast du der Finsternis Tore geschaut?
Hast du der Erde Breiten überblickt?
Sag es, wenn du das alles weißt" (38,16–18).

Die Reihe der Fragen setzt sich durch das ganze Kapitel hindurch fort bis zu den ersten beiden Versen des Kapitels 39. Dann geht Gott dazu über, die konkrete Wirklichkeit zu beschreiben, die der Mensch um sich herum
in der Tierwelt erfährt, und das er sich doch letztlich
nicht erklären kann.

Impuls für die Besinnung

Für unsere Besinnung bieten sich mehrere Denkmög-
lichkeiten an: Wir könnten zum Beispiel findige Be-

81

trachtungen darüber anstellen, ob das Geheimnis Gottes aus der Natur erkannt werden kann oder nicht, also über die Möglichkeit, von der Natur her auf Gott zu schließen. Die heutige Theologie spricht immer deutlicher davon, vor allem in bezug auf die zentralen Umweltthemen: Wie haben wir die Gegenwart Gottes in der Schöpfung zu verstehen?

Wir wollen diesen Gedankengang nicht weiterverfolgen, sondern uns einer anderen Frage zuwenden: Wie ist es möglich, daß Ijob die Begrenztheit seiner Selbsterkenntnis nicht akzeptieren kann? Dies scheint ein recht wichtiger Aspekt in der Botschaft des Buches Ijob zu sein.

1. *Ich muß einsehen, daß ich nicht alles wissen kann,* daß ich nicht alles am Plan Gottes und an der Kirche kenne, ja daß ich noch nicht einmal meine ganze Verantwortung überblicke.

Das kann hart sein, denn unsere Zeit ist zurecht stolz auf ihren wissenschaftlichen Fortschritt, und sogar die Humanwissenschaften streben danach – wenn auch unbewußt –, auch das letzte Geheimnis zu lüften.

Wirkliche Weisheit besteht hingegen darin zu erkennen, daß wir nicht alles wissen und auch nicht wissen können, und daß jede Wissenschaft ihrer Natur nach auf ein Teilgebiet beschränkt ist und nur einen Aspekt der Wirklichkeit zu erfassen vermag.

Diese Grenze unseres Erkennens schmerzt uns und macht uns klein, weil wir immer wieder versucht sind, das Ganze der Wirklichkeit erfassen zu wollen, um so auch einen Blick in die Zukunft werfen zu können. Im Grunde sind solche Versuchungen eine Weiterführung der Urversuchung: Ich will vom Baum der Erkenntnis von Gut und Böse essen, ich will den Schlüssel zum Ganzen des Seins in der Hand halten, den Schlüssel zum

Ganzen des geheimnisvollen göttlichen Planes, zum Geheimnis der Kirche, zur Zukunft unserer Gesellschaft.

Die Wahre Weisheit dagegen hat ihren Grund im Annehmen dieser Grenze, die dem Menschen gesetzt ist.

2. Daraus folgt, daß *ich einsehen muß, daß ich mich nicht vollends kenne.* Der heilige Paulus sagt: „Ich bin mir zwar keiner Schuld bewußt, doch bin ich dadurch noch nicht gerecht gesprochen; der Herr ist es, der mich zur Rechenschaft zieht" (1 Kor 4,4).

Gott allein hält das ganze Wissen in seinen Händen; das gilt auch für mein Leben. Dies ist der letzte Schritt der Weisheit, und er ist für Ijob wie für den Menschen im allgemeinen sehr schwer nachzuvollziehen; aber wir müssen ihn tun, wenn wir einen gewissen inneren Frieden finden wollen.

3. Ich muß mich, was die umfassende Kenntnis meiner selbst angeht, des Lebens an sich und dessen, was alles übersteigt, ganz auf Gott verlassen. Von diesem Vertrauen aus kann ich dann auf Erkenntnisausschnitte zurückgreifen, um mir mit ihrer Hilfe über mich selbst und andere klar zu werden.

All das soll unter dem Vorbehalt geschehen, daß es uns nicht gegeben ist, das Geheimnis in seiner ganzen Fülle zu erfassen.

Praktische Anwendungen

Bleiben wir bei der *Betrachtung* und erwägen wir einige praktische Anwendungen für unser Leben:

1. Die Zukunft der Kirche liegt in der Hand Gottes. Auch unsere pastoralen Konzepte sind in ihren Ergebnissen von zahllosen unvorhergesehenen Dingen abhängig, die wir nicht beeinflussen können und von denen Gott allein weiß, wie sie zusammenhängen.

Wir sind dazu aufgerufen, uns in aller Demut auf die Bereiche des Wissens zu beschränken, die uns zugänglich sind, das zu tun, was uns vernünftig erscheint und auch das anzunehmen, was uns übersteigt, unseren Plänen zuwiderläuft oder uns dazu zwingt, alles noch einmal zu überdenken.

Die größte Versuchung ist die, alle Ereignisse begreifen und daraus den Lauf der Geschichte vorhersehen zu wollen. Sie geht von totalitären Ideologien aus, die in sich zusammenbrechen, weil sie von der Wirklichkeit eingeholt werden. Auf unserem Weg als Kirche lassen wir uns zurecht von den Ansprüchen einer größeren Vernunft leiten. Dennoch müssen wir uns vor Augen halten, daß jede Vernunft immer auch bedingt und unvollkommen ist, und daß wir ehrlich und aufrichtig sein sollen und den Situationen so begegnen sollen, wie wir sie kennen. Dabei haben wir stets den Vorbehalt des Psalmwortes zu bedenken: „Du allein, Herr, läßt mich sorglos ruhen" (Ps 4,9).

2. Die Seelsorge bedient sich gerne der Hilfe der Sozialwissenschaften und besonders ihrer Erkenntnisse, die Aufschluß geben über unsere Zeit und Umwelt, über die Lebensumstände der Menschen. Ein Philosoph unserer Tage hat kürzlich die Sozialwissenschaften als Nachdenken „über die unbeabsichtigten Folgen der beabsichtigten Pläne" bezeichnet. Der Spielraum der nicht berücksichtigten Tatsachen und der unvorhergesehenen Folgen ist dabei unermeßlich. Dieser Philosoph stellt einer Planungshaltung, die leicht den Anspruch, alles vorherzuprogrammieren, in sich birgt, eine Haltung der Gelassenheit gegenüber, einer größeren Offenheit; er nennt es eine Haltung, die versucht, die Gegebenheiten anzunehmen, das zu erwägen, was getan werden muß, und dann in diesem Vertrauen zu leben, einem Vertrauen, das sich nicht anmaßt, alles wissen zu können,

84

auch und gerade nicht über uns selbst, unsere Gerechtigkeit oder unsere guten Taten.

Je mehr Verantwortlichkeit unsere Aufgabe erfordert, desto weniger dürfen wir erwarten, um uns herum exakte Maßstäbe dafür anzutreffen, daß unsere Taten gut sind.

Allein Gott im Himmel kann uns das zusagen. Was zählt, ist, daß wir unseren Weg gehen in der Freiheit und Gelassenheit dessen, der sich von Gott allein beurteilt weiß und der sich um die Korrektur der Fehler bemüht, die ihm bewußt sind – auch wenn er sich keine völlige Rechenschaft darüber geben kann, in welchem Maß es wirklich Fehler sind.

Um genau diese Haltung ist Ijob bemüht. Er möchte zu einer Klarheit über sich selbst, über die anderen und über Gott gelangen, zu einer Klarheit, die dem Ungewissen keinen Raum gibt. Und Gott weist ihn in die Schranken: „Wo warst du, als ich die Erde gegründet?", was weißt du von diesem oder von jenem?

Mitten aus seiner Selbstgerechtigkeit und Rechtschaffenheit wird Ijob – und das ist die Lehre für uns – zurück zum rechten Maß geführt, das dann in den Schlußerklärungen zum Ausdruck kommt.

3. Wagen wir nun, eine Haltung einzunehmen, die wir die liebende Ehrerbietung dem Geheimnis gegenüber nennen können. Das ist eine grundlegende biblische Haltung, in der sich das Vertrauen des Bundespartners zu uns zeigt: Du hast mir die Hand auf die Schulter gelegt, und wenn ich auch in finsterer Schlucht wandle, so fürchte ich kein Unheil; denn du bist bei mir.

Diese Haltung kann uns in den quälenden Diskussionen hilfreich sein, die sich heute im Bereich der Wissenschaften und der moralischen Auseinandersetzungen abspielen. Denn unsere Lebenssituation ist äußerst komplex, und auf der Suche nach den großen moralischen

85

Entscheidungen, die etwa den Frieden, die Entwicklung, oder die Wirtschaft betreffen, ist es nicht immer einfach, richtig und falsch zu erkennen. Es geht hier weniger um einzelne oder spontane Entscheidungen, sondern um Probleme von weltweiter Bedeutung. Es kann zum Beispiel heutzutage keine Theorie aufgestellt werden, die das Problem unserer Welt in allen Einzelheiten gerecht würde, ohne einen Aspekt des Elends oder des Leides auszulassen. Das mag ein Grund für Angst, Leiden und für die Suche nach Auswegen sein, es ist aber kein Grund zur Verzweiflung, denn unsere verwirrte Welt, in der so vieles sinnlos erscheint, wird vom Geheimnis Gottes geleitet. Er läßt uns nach und nach unsere begrenzte Aufgabe finden und darauf hoffen, daß er uns unsere Fehler vergeben und uns zu größerer Einheit untereinander führen und in der Liebe wachsen lassen wird.

Nur so sind wir in der Lage, die großen moralischen Entscheidungen anzugehen, deren Tragweite wir nicht völlig überblicken.

So gesehen, befreit Ijob von der Sorge, theologisch schlüssige Antworten finden zu müssen; er stellt es auch in Frage, nach Lösungen zu suchen, die die großen Probleme der Menschheit allein rational erfassen wollen – mit einer Rationalität, die der weltlichen Vernunft zugänglich ist. Für mich ist das eine große Erleichterung, denn ich hatte mich mit der im allgemeinen gelehrten Theodizee daran gewöhnt, Lösungen zu finden, die mich und die anderen überzeugten. Auf der Suche nach geschichtlichen Ursachen hingegen bin ich frei und muß vernünftige Lösungen finden. Zu diesem Thema hat *Giuseppe Dossetti* seinem Buch *Le querce di Montessole* ein hervorragendes Vorwort beigegeben. Mit unerbittlicher Deutlichkeit untersucht er die historischen Ursachen vieler schrecklicher Verbrechen in der Geschichte der Menschheit und deckt ihre kulturellen und ideologischen Wurzeln auf, die nun offen zu sehen sind. Wenn wir nicht allein die abstrakte Vernunftlösung suchen, gelingt es uns, uns auf die geschichtliche Wahrheit einzulassen, und wir sehen, was wir *hier* und *heute* tun können.

Wir suchen Antworten auf die Fragen unseres Jahrhunderts, und Ijob hilft uns dabei, zweierlei Denkweisen zu unterscheiden: auf der einen Seite die, die perfekte und gemeingültige Lösungen sucht und uns letztlich in einen Teufelskreis von Fragen bringt, zu Fragen, die uns kalt, leer und trocken lassen; auf der anderen Seite jene, die uns dahin führt, daß wir mit mehr Liebe handeln.

Wenn wir so vorgehen, entspricht das einer theologischen Sichtweise, die in hohem Maße in das Geheimnis der Trinität eindringt. Sie läßt den Bereich des einen Gottes und des Philosophierens über Gott, das von der griechischen Tradition geprägt ist, hinter sich: Es geht um die Hingabe an den Bundesgott, die uns *hier* und *heute* zur Liebe zu den Menschen verpflichtet. Für den Menschen der Gegenwart ist das die einzige vernünftige Lösung.

Ich möchte noch hinzufügen, daß mir selbst darin das Rätsel des Menschen heute begegnet; in dieser Hinsicht sehe ich mich nicht so sehr als Priester oder als Bischof, vielmehr als Mensch, der über die Jahre seines Lebens in einer so dramatischen und absurden Situation Rechenschaft ablegen muß. Zu Recht lassen wir uns von dem einen oder anderen Ereignis ergreifen, das wir zum Symbol des Bösen machen (Auschwitz zum Beispiel ist sicher ein solches Symbol). Wenn wir aber daran denken, was in Kambodscha oder in Armenien geschehen ist, und was im Nahen Osten, in Indien oder in Lateinamerika noch immer geschieht, stellen wir fest, daß es nicht so sehr um eine Lösung für eine einzelne Situation geht, als

87

vielmehr darum, daß wir inmitten vieler solcher Situationen stecken mit einer ernsthaften Moral, daß wir unsere Kräfte mutig einsetzen müssen und uns nicht etwa in philosophisches oder theologisches Jammern zurückziehen dürfen. Die Theologie der Befreiung hat das gut verstanden.

Erst durch die Prüfung kann Ijob das verstehen, und mit der Gnade Gottes wird ein jeder von uns begreifen, wie wichtig es ist, zuerst in der Hingabe an das Geheimnis zu wachsen, in Demut und im Geist des Hörens, in der geduldigen und ausdauernden gegenseitigen Liebe. Erst dann werden wir Lösungen finden, die vielleicht nicht vollkommen angemessen oder geglückt sind, und doch angemessener und besser als die gegenwärtigen.

Lassen Sie mich hier einen Gedanken Papst Johannes' XXIII. aus seinem geistlichen Tagebuch anführen, der auf der Linie unserer Überlegungen liegt: „Je mehr ich an Jahren und an Erfahrung reifer werde, um so mehr erkenne ich, daß der sicherste Weg zu meiner persönlichen Heiligung und zum möglichst erfolgreichen Dienst für den Heiligen Stuhl in dem wachen Bemühen besteht, alles auf das Wesentliche zu beschränken – Grundsätze, Ziele, Stellung, Geschäfte –, um ein Höchstmaß an Schlichtheit und innerer Ruhe zu erreichen; achtsam meinen Weinberg zu beschneiden, was nur unnützes Laubwerk und wilde Schößlinge sind, und geradewegs auf das zuzugehen, was Wahrheit, Gerechtigkeit und Barmherzigkeit ist, ja, Barmherzigkeit vor allem. Jede andere Handlungsweise ist nichts als Pose und Verlangen, sich selbst zur Geltung zu bringen, und das verrät sich bald selber und wird hemmend und lächerlich.

O diese Schlichtheit des Evangeliums, der Nachfolge Christi, der ‚Blümlein' des heiligen Franziskus oder jener auserlesenen Stellen aus den ‚Moralia' des heiligen

Gregor" – die übrigens ein Kommentar zum Buch Ijob sind. „Welch armselige Figur machen doch all die Gelehrten des Jahrhunderts, all die Schlauen und Gerissenen dieser Erde, auch manche der vatikanischen Diplomatie, stellt man sie in das Licht der Geradheit und Lauterkeit, das von dieser grundlegenden und großen Lehre Jesu und seiner Heiligkeit ausstrahlt! Das ist die sichere Gewißheit, die die Weisheit der Welt beschämt und die so gut, mehr als gut, mit Anstand und echter Vornehmheit übereinstimmt" (*Geistliches Tagebuch, HB 304/305,* Freiburg i. Br. ^{2}1969, 295–296).

Bitten wir im Gebet demütig darum, daß uns diese Haltung gegeben werde; eine Haltung, die nichts mit Nachgiebigkeit zu tun hat, sondern die es uns ermöglicht, mitten im Leben zu stehen mit Würde und Freude.

Das Ringen um den Gehorsam des Geistes

Eine *Unterweisung* – also nicht die Betrachtung einer Bibelstelle – soll im folgenden das Buch Ijob als Einheit in den Blick nehmen und die Bedeutung, die es für unser Alltagsleben hat, aufzuzeigen versuchen.

Das Leitwort dieser Exerzitien, das Wort Jesu: „In allen meinen Prüfungen habt ihr bei mir ausgeharrt", beleuchtet einen Aspekt, der zuweilen vernachlässigt wird und doch unser Leben als Christen besonders bestimmt: den Konflikt, und hier besonders das Ringen um die Beherrschung und den Gehorsam des Geistes.

Ijob ist dafür ein Musterbeispiel; das gesamte Buch beschreibt eigentlich das große Ringen des Menschen um den Gehorsam des Geistes gegenüber Gott.

Versuchen wir zunächst, den biblischen Ausdruck zu verstehen: *Glaubensgehorsam.* Dann wollen wir die *Unordnung des Geistes* bedenken, die *verschiedenen Arten des Ungehorsams des Geistes* und schließlich die *Läuterung des Geistes,* wie die griechischen Väter sie verstehen. Zuletzt wollen wir daraus einige Folgerungen für uns ziehen.

„Maria, du hattest von Anfang an ein reines und gehorsames Herz. Nach der schlichten Frage ‚Wie soll das geschehen‘ hast du dich darein gefügt und der Angst, dem Hin- und Herüberlegen und der Furcht keinen Raum mehr gegeben. Hilf uns, daß wir uns an deinem Leben orientieren, in der Suche nach Frieden für Geist und Herz, damit

wir uns mit ganzer Seele und mit ganzem Herzen dem Dienst und der Liebe zum Nächsten widmen, wie es unserer Berufung entspricht."

Der Glaubensgehorsam

Paulus schreibt: „Durch ihn" – unseren Herrn Jesus Christus, der von den Toten auferstanden ist – „haben wir Gnade und Apostelamt empfangen, um in seinem Namen alle Heiden zum Gehorsam des Glaubens zu führen" (Röm 1,5).

Der Gehorsam des Glaubens ist das Ziel des paulinischen Apostolats, und auf ihn zielen Jesu Tod und die Sendung des Heiligen Geistes zu den Aposteln. Denn dadurch wurden sie bereit, den Glaubensgehorsam zu erlangen. Das ist auch das Ziel der Kirche und der christlichen Mission: Daß jegliche mit Vernunft begabte Kreatur zum Glaubensgehorsam gegenüber der Frohbotschaft, der Heilsbotschaft kommt. Das ist ein zentrales Thema im ganzen Neuen Testament, und nicht von ungefähr wiederholt der *Römerbrief* in der Schlußdoxologie: „Ehre sei dem, der die Macht hat, euch Kraft zu geben – gemäß meinem Evangelium und der Botschaft von Jesus Christus, gemäß der Offenbarung jenes Geheimnisses, das seit ewigen Zeiten unausgesprochen war, jetzt aber, nach dem Willen des ewigen Gottes offenbart und durch prophetische Schriften kundgemacht wurde, *um alle Heiden zum Gehorsam des Glaubens zu führen.* Ihm, dem einen, weisen Gott, sei Ehre durch Jesus Christus in alle Ewigkeit! Amen" (Rö 16,25–27).

Dasselbe ist auch im *Hebräerbrief* angesprochen, wenn es heißt, der Sohn Gottes ist, „zur Vollendung gelangt, für alle, die ihm gehorchen, zum Urheber des ewigen Heils geworden" (Hebr 5,9).

Aufgrund dieses Grundaktes des *Glaubensgehorsams* ist Jesus für uns zum Retter geworden.

Aber auch die Väter wurden schon durch den Gehorsam und das Hören auf Gott gerettet: „Aufgrund des Glaubens gehorchte Abraham dem Ruf, wegzuziehen in ein Land, das er zum Erbe erhalten sollte; und er zog weg, ohne zu wissen, wohin er kommen würde" (Hebr 11,8). Stellen wir uns Abraham vor, wie er auf die erste Station seiner Wanderung zusteuerte, ohne das Ziel zu kennen. Was für ein Durcheinander von Fragen mag das in seinem Geist ausgelöst haben? Es fiel ihm sicher nicht leicht, auf solche Fragen zu antworten wie: Wer bringt mich dazu, das zu tun? Ist das wirklich richtig? Warum bin ich nicht geblieben, wo ich war?

Der Glaubensgehorsam erschöpft sich nicht in einem einzigen Akt; vielmehr ist er der Beginn eines Kampfes gegen all die weltlichen Versuchungen zum Ungehorsam, zur Selbstgenügsamkeit, zur Anmaßung – typische Gedanken des Menschen aus ‚Fleisch und Geist', der nach einem Wort des Paulus immer unzählige Gründe findet, sich dem Glauben zu widersetzen.

Die Unordnung des Geistes

Um zum Glaubensgehorsam zu gelangen, muß man zunächst all das beiseite räumen, was den Geist verwirren kann: schädliche Vorstellungen, die sich dem Glaubensweg entgegenstellen, ihn anfechten, verspotten, ihn bezweifeln, ihn anders deuten wollen oder in Frage stellen. Derer sind es, wie die unreinen Geister in der Perikope über den Besessenen von Gerasa (Mk 5,1 ff.) sagen, Legionen, ja ganze Schwärme.

Wer tatsächlich den Glaubensweg einschlagen will, wird sich ihrer wohl bewußt. Diese störenden und quertreibenden Fragen befallen jeden. Wie kleine Parasiten, Ungeziefer oder Mücken schwirren sie in einem herum und verhindern, daß man sich auf die eigentliche Aufgabe konzentriert. Diejenigen, die kein geistliches Leben anstreben, bemerken sie nicht einmal; sie sind umgeben von Eindrücken aus Büchern und Zeitschriften, von Worten und von Lärm. Diese Menschen streifen vom einen zum anderen, in unablässigem Ineinander von Bildern, Vorstellungen und Wünschen; ein Eindruck löst den anderen ab, als wechsle man von einem Fernsehprogramm zum anderen und werde ständig von neuen Eindrücken gefangengenommen.

Die Unordnung des Geistes ist gleichsam ein Dauerzustand des Lebens, auch wenn das so nicht bewußt empfunden wird. Bewußt wird man sich dessen erst, wenn man still wird und regelmäßig Besinnung hält; dann bestürmen einen Tausende unnützer, nichtiger und ungeordneter Gedanken, und das Ankämpfen gegen sie kann zu einem stillen Martyrium werden, zu einer wirklichen Buße, die viele äußere Bußwerke ersetzen kann. Aber das Stillwerden ist auch Bedingung für die seelische Gesundheit: Wem es nämlich gelungen ist, die Welt der Einbildungen, Gefühle, Wünsche, Ängste, Vermutungen, der Flucht in die Zukunft oder in die Vergangenheit zu beherrschen, der erreicht eine gewisse innere Gesundheit. Andernfalls wird er ständig von unterschiedlichen Empfindungen hin und her geschüttelt, ohne sich orientieren zu können. Dieser Mensch ändert schnell seine Stimmung und reagiert in einer Weise, die ihm selbst nicht bewußt ist.

Gegen die Unordnung des Geistes anzukämpfen ist mit das Bedeutendste, das ein Mensch tun muß, der Gott gehorsam sein und sich Seinem Handeln überlassen will.

93

Der Ungehorsam des Geistes

Von den vielen Arten von Ungehorsam des Geistes gibt es einige, die einfach nur stören, indem sie ablenken: die Gedanken kommen und gehen, aber sie agieren nicht direkt gegen den Gehorsam, und doch können sie die Kraft des Geistes mindern.

Nicht selten jedoch gibt es Gedanken, die wirklichen Ungehorsam gegenüber dem Glauben beinhalten, auch wenn sie implizit oder verborgen auftreten. Ijob ist dafür ein bleibendes Beispiel. Wenn wir das Buch unter diesem Gesichtspunkt betrachten, merken wir, daß Ijob und seine Freunde in ihren Reden vielen Ideen Ausdruck verleihen, die in Richtung Ungehorsam weisen. Auch wir haben damit unsere Erfahrung: Mit Gedanken, die uns im Kopf herumschwirren, die uns aufbringen gegen unsere Lebenssituation, die uns dazu verleiten, uns selbst, unseren Körper, unsere Familie und Lebensgeschichte nicht anzunehmen, oder die Gesellschaft abzulehnen. Wir sind in der Tat dazu angehalten, das Böse, das in diesen Gedanken steckt, zu bekämpfen. Wenn wir aber nur von einer anderen, unwirklichen Welt träumen und phantasieren, hindert es uns zu lieben, zu dienen und unseren Beitrag zu einer Verbesserung dieser Welt zu leisten, weil wir uns ständig eine Situation vorstellen, die anders ist als die Wirklichkeit.

Das heißt auch, daß wir uns selbst als Sünder annehmen müssen, daß wir uns eingestehen, Fehler gemacht zu haben. Wie oft quält uns die Selbstgerechtigkeit, und vor allem, wenn wir – zu Recht oder zu Unrecht – kritisiert werden, konstruieren wir in unserem Geist eine breit angelegte Theorie der Selbstrechtfertigung, wir gehen die Situation tausendmal durch, um uns dann zu sagen, daß die anderen uns nicht verstehen und daß wir im Recht sind.

94

Ijob weist uns auch auf die Gefahr hin, die darin liegt, uns nicht selbst anzunehmen, nicht zu wissen, wer wir sind, ob wir gerecht sind oder nicht. Es ist die Gefahr, sich unbedingt definieren zu wollen, sich von Grund auf zu verstehen. Das kann so weit gehen, daß man sich sogar einer psychologischen Untersuchung oder einer Psychoanalyse unterzieht. Und dies alles nur aus dem Grund: ich will mich selbst bis ins Letzte im Griff haben. Darum gehe ich meinen Träumen nach, meinen Phantasien, meinen Spleens, meinen unbewußten Gesten, um so das Geheimnis meiner Person zu entdecken, das so schwierig zu erfassen ist.

Von diesen Gedanken gelangt man mit Sicherheit zu denen des direkten Ungehorsams: dazu, Gott nicht anzunehmen. Das ist im Grunde auch die große Versuchung, die das Buch Ijob durchzieht. Ijob nimmt ihn an, und das ist sein großer Glaubensakt; dennoch ist er stets in der Versuchung, ihn zurückzuweisen. Das führt ihn bis zur Hoffnungslosigkeit und sogar bis zur Verzweiflung: Ich glaube an gar nichts mehr, und ich habe zu nichts mehr Lust.

So geht der Lauf der Gedanken. Im allgemeinen geben sie sich harmlos, sie nehmen die frühen Morgenstunden ein, die Zeit nach dem Aufstehen, doch überfallen sie uns auch dann, wenn wir nicht viel zu tun haben. Plötzlich dringen sie in unseren Verstand ein, und wenn wir an unsere Pflichten denken, fühlen wir uns traurig, matt und schwach, ohne den Grund dafür zu kennen. Tatsächlich haben wir diese Gedanken nicht aufmerksam genug beherrscht und ihnen Einhalt geboten; so konnten Erregung und Ärger, Schwärmerei und Depression oder auch Ärger gegen uns selbst oder andere unbewußt in uns eindringen, von uns selbst noch unterstützt.

Hier wären auch die Phantasien der Sinnlichkeit zu erwähnen, die Wünsche und all die Träume, die sich zuweilen absichtlich verschwiegen in uns einschleichen und uns an einem bestimmten Punkt in der Luft hängen lassen, so daß wir wenig Lust verspüren zu beten und wir bei der Feier der Eucharistie oder des Stundengebets innerlich unbeteiligt sind. Wir verstehen nicht recht, warum das so ist. Doch haben wir uns einfach unbemerkt den etwas ungeordneten Gedanken hingegeben, die uns schließlich kraftlos machten.

Diese schwierigen inneren Zusammenhänge aufzudecken, ist Teil des geistlichen Weges, mit dem wir einen dauernden und mühsamen Kampf aufnehmen.

Die Läuterung des Geistes, wie die Väter sie vorschlagen

Hier liegt der Schlüssel zum Verständnis einer Vielzahl von Texten der großen Kirchenväter des Ostens, vor allem der Mönche. Die umfangreiche *Philokalie* behandelt sehr ausführlich dieses Thema: das Ringen um die geistige Disziplin, die Ordnung der Gedanken und der Regungen des Herzens. Der Mönch, der ja ein Leben in Einsamkeit führt, muß sich hauptsächlich mit seiner Innenwelt auseinandersetzen. Sein Leben wird zu einem Ringen, das ihn zum Gehorsam führt.

Die *Philokalie* ist reich an geistlicher Weisheit und Psychologie, sie läßt uns an einer tausendjährigen Tradition der Ordnung des Geistes teilnehmen. Bezeichnend dafür sind die Titel der einzelnen Teile: *Die Überwachung des Verstandes* Isaias' des Jüngeren, *Überblick über das mönchische Leben, der lehrt, wie man die Askese und die hēsichia üben muß* von Evagrios Pontikos (*hēsichia* meint hier die Gelassenheit dessen, der seinen Geist im Griff hat, dann auch den inneren Frieden, der als Ideal des monastischen Lebens angesehen wird, und

96

um den man das ganze Leben lang ringt); *Über die Unterscheidung der Leidenschaften und der Gedanken* von demselben Autor; *Über die acht Hauptlaster* von Johannes Cassian. Cassian beleuchtet in seinem Traktat all die Gedanken, die den Menschen schwächen und in denen sich auch die Neigungen und Leidenschaften zeigen, die auf diesem Weg mitten in unser Herz gelangen.

An einer von vielen interessanten Stellen schreibt etwa Evagrios – mit der den Wüstenvätern eigenen Anschaulichkeit – zur Gabe der Unterscheidung: „Es gibt einen Dämon, der der ‚Vagabund‘ genannt wird. Zumeist sucht er die Brüder um die Mittagszeit auf. Er läßt den Geist umherschweifen von Stadt zu Stadt, von Dorf zu Dorf, von Haus zu Haus; er versteht sich nur auf einfache Unterhaltungen" – er erscheint also als harmlos und bringt einen dazu, über diesen oder jenen nachzudenken – „dann trifft er sich für längere Zeit mit einigen Bekannten und verdirbt denen, die er trifft, ihren inneren Zustand, dann geht er weiter und vergißt nach und nach die Erkenntnis Gottes, die Tugenden und das gegebene Versprechen. Der Einsiedler muß also beobachten, woher dieser Dämon kommt und was sein Ziel ist. Denn nicht umsonst und nicht zufällig läßt der Dämon den Geist umherschweifen, vielmehr will er den inneren Frieden des Einsiedlers zerstören: Der von diesen Dingen entflammte Geist, der trunken ist von den vielen Eindrücken, soll dem Dämon der Unkeuschheit, des Zornes oder der Traurigkeit verfallen, damit der Glanz seines inneren Friedens mit aller Macht zerstört werde."

Der Prozeß des geistigen Verfalls scheint mir hier klar beschrieben.

Ratschläge

Daraus ergeben sich verschiedene Folgerungen:

1. Bis zu einem gewissen Punkt ist es richtig, dem Gewirr von Gedanken, das uns bestürmt, entfliehen zu wollen. Weil uns diese Gedanken oft als Fragen begegnen, sind wir versucht, ihnen logische Antworten entgegenzusetzen.

2. Wir stoßen jedoch an eine Grenze: Je sensibler wir werden, desto mehr spüren wir, daß die Fragen durch solche Antworten nicht zufriedengestellt werden, sondern uns weiterhin bedrücken. Jetzt müssen wir unsere Aufmerksamkeit auf den Kampf richten und die Haltung dessen einnehmen, der nach der *hēsichia* strebt, nach einer genauen Kontrolle seines Geistes mit Hilfe dreier konkreter Verhaltensweisen:

a) Das Gewirr der Gedanken, die eine Entscheidung tausendmal wiederholen wollen, mutig *abschneiden*. Sobald wir einsehen, daß uns diese Gedanken nicht weiterbringen, obwohl sie uns vernünftig erscheinen, sondern daß sie unseren Geist eher schwächen, müssen sie sofort unterbrochen werden. Vielen Menschen könnte durch dieses rechtzeitige Abbrechen manche Nervosität, Verbitterung, schon gehegter Groll wie auch Mühen erspart bleiben.

Die innere Entscheidung ist also äußerst wichtig.

b) Die zweite Haltung, die auch in der *Nachfolge Christi* empfohlen wird, ist ganz einfach. Wir vergessen sie oft, obwohl sie unseren inneren Kampf wirklich zum Sieg führt: *age quod agis*, tu, was du tust, sei ganz bei der Sache. Laß dir auch dein Empfinden, dein Gespür eine Hilfe sein. Wenn du ein Buch liest, spüre es in deiner Hand, spüre sein Gewicht, richte deine Augen auf ein Wort nach dem anderen, versuche die Worte im Blick auf die Buchstaben zu erfassen. Auch wenn du singst,

98

singe mit ganzem Herzen; wenn du etwas schreibst, verwende all deine Kraft darauf; wenn du gehst, dann gehe ganz bewußt. Laß dich dabei nicht von Gedanken ablenken, die dein Tun durch Resentiments, Abweisungen, Angst und Beklemmung bestimmen wollen. Das alles sieht nach einem recht einfachen Mittel aus, das aber ungemein nützlich ist. Es gibt sogar ganze psychologische Schulen, die darauf aufbauen: Ein gesundes Selbstbewußtsein basiert darauf, die unmittelbare Wirklichkeit aufmerksam wahrzunehmen, um dann den Gedankengang zu ordnen, so daß er einem roten Faden, einer geraden Linie, die nicht dauernd nach rechts und links abweicht, folgt.

c) Das dritte ist das von den griechischen Vätern und besonders in der monastischen Tradition oft empfohlene *Herzensgebet*. Es besteht darin, daß man den Geist in das Herz hinein versetzt; daß man also den Geist nicht im Dickicht der Gedanken umherschweifen läßt, sondern ihn ganz und mit allem Empfinden auf die Person Jesu richtet. Das Herzensgebet hat seine eigene Methode, die uns westlichen Menschen vielleicht fremd ist, die aber in der griechischen und russischen Kirche zu wirklich bedeutenden mystischen Erfahrungen geführt hat.

Aber auch wir besitzen Formen des Herzensgebetes: der *Rosenkranz* zum Beispiel kann, wenn er richtig gebetet wird, den Geist beruhigen, indem er ihn auf ein paar grundlegende Worte und Bilder ausrichtet. Der *Kreuzweg* weckt unsere Gefühle auf Jesus hin; *Stoßgebete* und *Psalmworte*, die man oft wiederholt, können so zum Herzensgebet werden. Nach und nach wird sich die Vielfalt der Gedanken vereinfachen und zu einer Einheit führen. All diese Möglichkeiten sollen uns dabei helfen, in der Zerstreuung und Gebrochenheit, die oft aus unseren vielfältigen Aktivitäten hervorgehen, jene innere

Einheit wiederzufinden, die im Jesusgebet einen bevorzugten Bezugspunkt hat.

Während meines Aufenthaltes in Indien lernte ich die hinduistische Form der Askese näher kennen und ebenso die Wege, die viele Jugendliche auf der Suche nach Gurus und geistlichen Führern beschreiten. Ich habe verstanden, daß auch diese Wege das Ziel haben, sich selbst beherrschen zu können und zur Einheit zu gelangen – nicht auf logische, rationale Weise, sondern durch ein Geschenk.

In Indien spricht man von der Entleerung des Ich, vom Aufgehen im Nichts. Für uns besteht dieser Weg in der Hingabe an das unaussprechliche Geheimnis, in das wir eingetaucht sind. Dieses Geheimnis ist mir innerlicher als mein Innerstes, denn es bildet den Grund meines Herzens, und ich kann es jeden Moment wiederfinden – bei Tag und bei Nacht, in Krankheit und Gesundheit, wenn ich traurig bin oder mich freue –, indem ich eine tiefe Einheit in mir selbst herstelle.

Das Jesusgebet ist allen zugänglich, und doch führt es in die tiefsten Geheimnisse ein. Es ist allen Situationen angepaßt und kann auch von dem praktiziert werden, der viel zu tun hat und meist wenig Zeit zu eingehenderem intensivem Gebet findet. Doch müssen wir auch aus Erfahrung sagen, daß es unmöglich ist, das Jesusgebet oder irgendein Gebet des Herzens während der täglichen Arbeit zu vollziehen, wenn man sich nicht zusätzlich feste Punkte setzt, Gebets- und Schweigezeiten.

3. Zum Schluß noch eine Bemerkung zum ‚Zorn des Intellekts', einem Ausdruck Isaias' des Jüngeren: „Unter den Leidenschaften gibt es einen Zorn des Intellekts, der der Natur entspricht" (ein guter Zorn also, denn in der griechischen Tradition ist „der Natur entsprechend" gleichbedeutend mit „Gott entsprechend", da Gott alle

Dinge geschaffen hat). „Ohne diesen Zorn gibt es keine Lauterkeit im Menschen, wenn er nicht in Zorn gerät über alles, was der Feind in den Menschen sät zu dessen Verderben."

Wenn ein Mensch geduldig erträgt, daß ein Schwarm von Gedanken ihn bestürmt und er diesen nicht als feindlich erkennt, wird er nicht die Wahrheit leben und nie zur inneren Reinheit gelangen. „Als Ijob diesen Feind aufspürte, beschimpfte er ihn bei seinen Freunden mit den Worten: ‚Ehrlose Leute sind es, verachtenswert und aller Güter beraubt, ich habe sie nicht für wert geachtet, sie bei den Hunden meiner Herde anzustellen'... Wenn du dich gegen die Rotte der Feinde wehrst und siehst, wie sie sich geschwächt zurückziehen, dann freue sich dein Herz nicht, denn die Bosheit der Geister steht hinter ihnen. Sie bereiten einen noch schlimmeren Kampf vor als den ersten, lassen andere hinter dir lagern und befehlen ihnen, sich nicht zu bewegen. Wenn du aufbegehrst und gegen sie angehst, werden sie geschlagen vor dir fliehen. Wenn aber dein Herz sich erhebt, weil du sie verjagt hast, stehen die einen von hinten auf und erheben sich die anderen von vorne und schließen die elende Seele ausweglos zwischen sich ein. Die Stadt ist das Gebet. Der Widerstand ist der Widerspruch in Christus Jesus. Der Rückhalt ist die Entrüstung."

Isaia der Jüngere bestätigt also, daß es nötig ist, zornig zu werden über das, was uns zu vernichten oder zu verwirren droht. Nur so gelangt man zu einer festen inneren Ordnung, mit der allein es möglich ist, auch in dem ständigen Wechsel um uns herum und in uns selbst zu leben. Halten wir unsere Augen auf Jesus, unseren Herrn gerichtet, den Friedensfürsten, der in unserem Herzen herrscht, jenseits von und über allen Wechselfällen des Lebens.

Erst unter großen und leidvollen Mühen gelangt Ijob zu diesem Gehorsam des Geistes.

Bitten wir den Herrn, daß wir bald dieses Ziel erreichen, das für unser Leben und unseren Dienst in der Gemeinschaft wichtig ist.

Gottes unaussprechliche Gerechtigkeit

Homilie

„Herr, hilf uns, die Gemeinschaft in der Eucharistie intensiv zu leben. Sie ist grenzenlos und bezieht alle mit ein, die wir kennen und lieben und die unserer Sorge anvertraut sind – Kranke und Leidende, alle Kirchen, den Papst, alle Diözesen und Bischöfe, alle Missionen, all die Situationen, in denen Menschen Schmerz und Trauer empfinden. Laß uns vor dir, Vater, mit diesen Menschen leben und so unseren seelsorgerlichen Dienst mit einer großen Weite erfüllen."

– Die Geschichte vom König der Bäume aus dem Buch Richter (9,6–15), die wir in der Lesung vom Mittwoch der 20. Woche im Jahreskreis hören, bietet uns die erste Parabel der Bibel, eine Erzählung, die in anschaulichen Bildern eine äußerst königs- und autoritätsfeindliche Lehre enthält.

Es ist das erste Beispiel für das Mißtrauen gegenüber einer Monarchie, das dann im Buch Samuel noch deutlicher zum Vorschein kommen wird, wenn es darum geht, Israel einen König zu geben. Dieses Mißtrauen bezieht sich darauf, daß alle menschlichen Geschicke einer einzigen Person anvertraut werden.

Die Parabel stellt verschiedene, für den Menschen sehr nützliche Bäume vor, ausgestattet mit Tüchtigkeit, Vernunft und Ernst; Bäume, die wahrhafte Wohltäter für die Menschen sind, den Ölbaum und den Weinstock etwa, die allerdings nichts von Verantwortung wissen wollen und darauf bestehen, bei ihrer ursprünglichen Aufgabe zu bleiben, die sie für wichtiger halten und für die sie sich besser geeignet fühlen.

Der Baum schließlich, der sich der Verantwortung stellt, ist ein nutzloser Baum, einer, der keine Früchte trägt: der Dornenstrauch.

Übertragen heißt das: Die wirklich klugen Leute gehen ihrer Tätigkeit nach, arbeiten auf ihrem Gebiet. Der weniger Kluge übernimmt gerne Verantwortung für andere und wird dadurch eingebildet, nutzlos, stolz und grausam, so wie der Dornenstrauch.

Das ist eine sehr negative Deutung der Macht in der Geschichte. Und doch ist sie zumindest in Teilen realistisch. Wie oft kommt es zum Beispiel in der Politik vor, daß wirklich erprobte, kompetente, fähige Personen es ablehnen, sich in die Pflicht nehmen zu lassen, während andere Politik treiben, die es besser sein lassen würden.

Aber über diese menschliche Weisheit hinaus, wie sie in der Erzählung zum Ausdruck kommt, wird uns eine tiefergehende, biblische Lehre bewußt: Das Geschick des Menschen liegt in Gottes Hand, und es ist nicht gut, es einem Menschen anzuvertrauen. „Du allein, Herr, läßt mich sorglos ruhen" (Ps 4,9); mein Schicksal liegt bei dir.

Mißtrauen also, das aus der Furcht erwächst, es komme zu Machtmißbrauch oder zu Formen der Gewalttätigkeit, die des Volkes Gottes unwürdig sind, wenn Menschen ihr Geschick in die Hände anderer Menschen legen. Die Bücher der Könige zeigen, wie berechtigt diese Furcht ist. Sie bleibt eine ständige Bedrohung im Laufe der Heilsgeschichte, die uns immer wieder erkennen läßt, daß, selbst wenn einigen Menschen die Sorge für andere aufgetragen ist und sie Hirten der Herde sind, es doch nur einen einzigen Oberhirten gibt, nämlich Jesus. Er trägt die volle Verantwortung für alle

Gläubigen. Alle anderen sind zweitrangig, Beauftragte und Statthalter, auf Christus bezogen. Sie müssen sich darum kümmern, daß alles gut läuft, im Bewußtsein, daß die Hoffnung und das Vertrauen des Volkes Gottes stets auf den Herrn gerichtet sind.

Es kommt sehr darauf an zu lernen, daß jegliche menschliche Autorität – kirchliche eingeschlossen – ganz klar so verstanden werden muß, daß jede ihr entgegengebrachte Ehrung sich immer auf den bezieht, der allein wirklich verantwortlich für unsere Seelen ist, auf das einzige Haupt der Kirche, den Herrn Jesus Christus, von dem alle Autorität ausgeht und auf den allein sie bezogen ist. Er allein ist würdig, das Buch mit den sieben Siegeln zu öffnen, das die Geheimnisse des Reiches Gottes enthält. Denn er ist das Opferlamm, das sich für uns bis in den Tod hingegeben hat.

Alles was wir tun, geschieht in Bezug auf Christus, den Herrn, auf seine einzigartige rechtmäßige Vollmacht; alle anderen Vollmachten sind nur begrenzte Teilhabe an diesem Dienst, der im Leben Jesu selbst besteht.

– Die Parabel, die Jesus im Matthäusevangelium (Mt 20,1–16) von den Arbeitern im Weinberg erzählt, liegt auf der Linie der vorangegangenen Überlegungen – auf der Linie Ijobs.

Den Platz Ijobs nehmen die Arbeiter im Weinberg ein, Angestellte, die murren, weil sie es gerne hätten, daß der Gutsbesitzer sich nach dem Ideal einer einheitlichen Gerechtigkeit richtete.

Das Problem liegt in der Bedeutung des Ausdrucks ‚gerecht'. Der Gutsbesitzer verspricht, daß er die Arbeiter gerecht entlohnen wird, aber an einem gewissen Punkt nehmen sie in Anspruch, daß die Gerechtigkeit sich an einer starren Verhältnismäßigkeit ausrichten müsse, wie von einem Computer ausgerechnet, der keinen Raum läßt für Güte, Liebe, Barmherzigkeit, für die Grenzenlosigkeit des göttlichen Planes.

Ijob muß sich gerade von diesem Verständnis einer starken und lebendigen, aber einheitlichen und gleichsam berechenbaren Gerechtigkeit bekehren, einer Gerechtigkeit, die beansprucht, sich selbst und Gott in solchem unveränderlichen und unbezweifelbaren Rahmen zu verstehen. Denn Gott ist ganz im Gegenteil Dreieinige Liebe, Überraschung, Beziehung von unsagbarer Zärtlichkeit, geheimnisvolles Spiel der Liebe; er enthüllt sich, verbirgt sich und zeigt sich in immer neuer Weise.

So ist der Mensch aufgefordert, sich nach der Gerechtigkeit Gottes auszurichten, nach seinem trinitarischen Leben, das sich hingibt und verschenkt, das erfinderisch und kreativ ist und überraschenderweise in viel höherem Maße gut, als der Mensch es sich vorstellen kann.

Auch wir sind bei diesen Exerzitien dazu eingeladen, uns zu bekehren; das heißt, den Gott des Bundes zu erkennen, nicht durch Begriffe, die wir aneinanderreihen und mit deren Hilfe wir ihn beurteilen, haben sie auch noch so einen hohen Stellenwert wie Gerechtigkeit oder Liebe.

Den Gott des Bundes sollen wir so erkennen, wie er ist, in seinem überbordenden Leben, in seinem Überfließen an Liebe und Erbarmen, wie er in der tiefsten Dunkelheit Zeichen des Lichtes setzt.

Dieses Vertrauen auf das Geheimnis Gottes wird von den Arbeitern im Weinberg verlangt, von Ijob und von jedem von uns.

Beten wir darum, daß wir auf diesem Weg gehen, indem wir das Geheimnis der Eucharistie anbeten, vor dem wir uns jedesmal wieder verlegen vorkommen, wenn wir es feiern und erneuern, wenn wir in unseren

Händen den Leib und das Blut Christi halten. Denn es ist mit unseren Maßstäben nicht zu fassen, sondern übersteigt in seiner Liebe all unser Vorausschauen und Planen und jeden Begriff vom Geheimnis des grenzenlosen Gottes, der sich zu seinem armen und begrenzten Geschöpf hinabneigt.

Sechste Meditation

Drei Arten des Ringens mit Gott

Bei dem Versuch, das Rätsel Ijobs zu verstehen, wollen wir dem Geheimnis Gottes etwas näher kommen. Er ist der Höchste, Unbegreifliche, Geheimnisvolle und Gerechte, der Absolute, Undurchdringliche, der dreimal Heilige. Erinnern wir uns daran, daß das Buch Ijob Teil der Bibel ist, und daß seine Botschaft somit mit der biblischen Botschaft in ihrer ganzen Fülle zusammen gesehen werden muß.

Deshalb sollte unsere Lektüre auch einige weitere alt- und neutestamentliche Stellen einbeziehen. Wir wollen dabei in drei Richtungen vorgehen, die man etwas anspruchsvoll die *anthropologische*, die *christologische* und die *trinitarische* Dimension nennen könnte.

Wir haben den Kampf Ijobs gegen die Unordnung des Geistes verfolgt; all seine Qual besteht in der Läuterung seiner vielschichtigen Gedanken, die alle vernünftig, gerecht und logisch erscheinen, die aber schließlich nicht tragen. Sein letzter Akt ist eine Kapitulation vor dem Geheimnis.

In diesem Kampf gegen die Unordnung des Geistes ringt Ijob auch mit Gott. Wie Jakob, dessen mysteriöse Geschichte beispielhaft für alle Arten des Ringens mit Gott in der Geschichte und in der Spiritualität geworden ist, so will auch Ijob gesegnet sein, gerechtfertigt, für gerecht erklärt werden, er will seinen Kopf durchsetzen.

Das Thema des Ringens mit Gott ist unerschöpflich. Es gehört eigentlich in den Bereich der christlichen Mystik. Dennoch betrifft es uns, weshalb wir es noch vertiefen möchten.

Betrachten wir auf der *anthropologischen* Ebene drei Szenen:

– das 10. Kapitel des Ijobbuches – „Die Anklage des Schöpfers durch das Geschöpf"

– das 2. Kapitel des Johannesevangeliums (Verse 1–12)

– das 25. Kapitel des Matthäusevangeliums (Verse 21–28) mit der Parallele bei Markus (7,24–30).

Das Plädoyer des Geschöpfes gegen den Schöpfer (Ij 10)

„Ijob scheint eine imaginäre Rede einzuschieben, die er vor einem gedachten Gerichtshof für Gerechtigkeit, dem auch Gott angehört, hält" (vgl. Ravasi, a.a.O., S. 408). Diese Rede läßt sich in folgende Abschnitte gliedern:

– Vv. 1–2; das Plädoyer wird eröffnet:

„Zum Ekel ist mein Leben mir geworden,
ich lasse meiner Klage freien Lauf,
reden will ich in meiner Seele Bitternis.
Ich sage zu Gott: Sprich mich nicht schuldig,
laß mich wissen, warum du mich befehdest."

Diese Worte leiten den ungestümen Kampf ein.

– Vv. 3–7; das eigentliche Plädoyer beginnt mit fünf Fragen an den Gegner.

Wir sind schon zuvor auf die Fragen eingegangen, die Gott an Ijob richten wird. Hier aber ist es Ijob, der Gott mit rhetorischen Fragen bestürmt, der Gott damit für sich einnehmen will.

„Nützt es dir, daß du Gewalt verübst,
daß du das Werk deiner Hände verwirfst,
doch über dem Plan der Frevler aufstrahlst?
Hast du die Augen eines Sterblichen,

siehst du, wie Menschen sehen?
Sind Menschentagen deine Tage gleich
und deine Jahre wie des Mannes Tage,
daß du Schuld an mir suchst,
nach meiner Sünde fahndest,
obwohl du weißt, daß ich nicht schuldig bin
und keiner mich deiner Hand entreißt?"

Gott wird auf seine Güte angesprochen: Warum behandelst du mich in einer Art, die dir nicht ansteht, und
nicht in Güte?

– Vv. 8–12; nun weichen die Fragen einer ergreifenden Verteidigungsrede, ganz wie in einem Plädoyer, mit
dem man das Gericht um Gnade anruft:
„Deine Hände haben mich gebildet, mich gemacht;
dann hast du dich umgedreht und mich vernichtet.
Denk daran, daß du wie Ton mich geschaffen hast.
Zum Staub willst du mich zurückkehren lassen.
Hast du mich nicht ausgegossen wie Milch,
wie Käse mich gerinnen lassen?
Mit Haut und Fleisch hast du mich umkleidet,
mit Knochen und Sehnen mich durchflochten.
Leben und Huld hast du mir verliehen,
deine Obhut schützte meinen Geist."

Auch wenn nicht ausdrücklich darauf Bezug genommen wird, können wir doch aus den Worten Ijobs das
Geheimnis des Bundes erkennen: Du hast mich geschaffen, mich gemacht, ich bin dein. Vergiß dein Geschöpf
nicht, sei mir nahe, verlaß mich nicht.

– Vv. 13–17; auf die Verteidigungsrede folgt die Anklage gegen den, der als Feind agiert.
„Doch verbirgst du dies in deinem Herzen;
ich weiß, das hattest du im Sinn" (V. 13).

Die Anklage wiegt schwer, und in der Anmerkung
der Neuen Jerusalemer Bibel zu dieser Stelle bemerken
wir eine gewisse Verlegenheit bei der Erklärung des

Verses: „Hinter Gottes Fürsorge waren also erschrekkende Forderungen versteckt gehalten. Der Mensch ist für alle seine Taten vor Gott verantwortlich. In Ijobs Klage kommt eine tragische Wahrheit zum Ausdruck. Indem der Mensch spontan seine Freiheit gebraucht, sollte er in Frieden mit Gott und in Harmonie mit den Lebewesen und den Dingen leben können. Nun aber weiß er sich abhängig von einem geheimnisvollen, herausfordernden Willen, der ihn in Unsicherheit über sich selbst und über Gott läßt, der sein Bewußtsein der Prüfung unterzieht und ihm die Garantien verweigert, auf die er sich stützen möchte. In einer negativen Form spricht Ijob das eigentliche Drama des Glaubens aus" (S. 729).

Wenn diese Anmerkung vielleicht auch etwas zu weit geht, kommt in den Worten Ijobs dennoch etwas von dem Geheimnis des Menschen zur Sprache, der sich einer Unsicherheit gegenüber weiß, die er gerne bestimmen würde.

„Sündige ich, wirst du mich bewachen,
mich nicht freisprechen von meiner Schuld.
Wenn ich schuldig werde, dann wehe mir!
Bin ich aber im Recht, darf ich das Haupt nicht erheben,
bin gesättigt mit Schmach und geplagt mit Kummer.
Erhebe ich es doch, jagst du mich wie ein Löwe
und verhältst dich wieder wunderbar gegen mich.
Neue Zeugen stellst du gegen mich,
häufst deinen Unwillen gegen mich,
immer neue Heere führst du gegen mich."

Gott erscheint hier als eine wilde Bestie, die den armen Menschen nicht in Ruhe läßt.

– Vv. 18–22; erneut schlägt die Aggressivität in eine Bitte um, die an das Einfühlungsvermögen des göttlichen Geheimnisses appelliert.

„Warum ließest du mich aus dem Mutterschoß kommen,
warum verschied ich nicht, ehe mich ein Auge sah?
Wie nie gewesen wäre ich dann,
vom Mutterleib zum Grab getragen.
Sind wenig nicht die Tage meines Lebens?
Laß ab von mir, damit ich ein wenig heiter blicken kann,
bevor ich fortgehe ohne Wiederkehr
ins Land des Dunkels und des Todesschattens,
ins Land, so finster wie die Nacht,
wo Todesschatten herrscht und keine Ordnung,
und wenn es leuchtet, ist es wie tiefe Nacht."

In diesem Kapitel formuliert Ijob seine Einsamkeit, seine
Unsicherheit, den Schmerz darüber, daß er nicht erhört
wird, und – wie es häufig bei Menschen mit einem aus-
geprägten Minderwertigkeitskomplex geschieht – er
wird verbittert und kämpft darum, das zu bekommen,
was er haben möchte. Er will es von dem haben, der es
ihm seiner Meinung nach geben kann und muß, und er
ist verärgert wie jemand, der sich seiner nicht sicher ist
und doch seine Rechte einfordert.

Ijob ringt mit Gott, aber mehr noch mit sich selbst,
mit der Maßlosigkeit seiner Gedanken, mit dem Gefühl
der Minderwertigkeit, das ihn überkommt; mit der Unsicherheit, die ihn innerlich zerfrißt und von der er
durch Drohungen loszukommen versucht. Menschen,
die in ihrer Sprache sehr aggressiv sind, sind bisweilen
die schwächsten, zerbrechlichsten, und verhalten sich
oft deshalb aggressiv gegen andere, weil sie Angst haben,
nicht das zu bekommen, was sie sich wünschen.

Marias Ringen mit Jesus (Joh 2)

Auf dem Hintergrund eines solchen Ringens mit Gott wenden wir uns der Erzählung vom Ringen Marias mit Jesus bei der Hochzeit zu Kana zu. Maria meint, ihren Willen durchsetzen zu müssen, und kann sich dessen doch nicht hundertprozentig sicher sein. Sie bietet ihre ganze Kraft auf, um dem Sohn das zu entlocken, was sie sich wünscht.

Der Kampf wird mit ganz nüchternen und unscheinbaren Worten beschrieben, und doch ist er ein Ringen mit Gott.

In einem ersten Teil bringt Maria das Anliegen des Brautpaares vor und macht sich dadurch zu seiner Fürsprecherin bei Jesus. Ihre Rede ist knapp und kraftvoll zugleich: „Als der Wein ausging, sagte die Mutter Jesu zu ihm: Sie haben keinen Wein mehr" (Joh 2,3).

Ihre Worte treffen zu: Du und ich, wir sind hier, warum helfen wir diesen Leuten nicht, diese Demütigung zu verhindern, die ihr ganzes Leben überschatten und ein schlechtes Zeichen für ihre Ehe sein wird? Eine glänzende Rede, die vom Negativen ausgeht und einen Tatbestand nennt, der behoben werden muß.

Aber Jesus scheint Maria im Stich zu lassen. „Jesus erwiderte ihr: Was willst du von mir, Frau? Meine Stunde ist noch nicht gekommen" (2,4). Was auch immer diese Worte bedeuten mögen, sie sind sicherlich nicht entgegenkommend und ermutigend, sondern abweisend.

Maria erfährt keine Hilfe. Sie ist allein wie Ijob. Doch nun vollbringt sie eine Heldentat des Vertrauens, indem sie aus sich selbst herausgeht und andere mit einbezieht: Sie ruft die Diener herbei und sagt zu ihnen: „Was er euch sagt, das tut!" (2,5). Mit dieser öffentlichen Geste erzwingt sie die Einwilligung Jesu. Sie ist nicht unterwürfig, nicht ängstlich oder schwach und muß deswegen auch nicht zornig werden oder schreien, wohl aber ist sie sich ihrer Verbundenheit mit Jesus sicher. Voller Vertrauen gibt sie sich und die Diener in die Hand Jesu, der – wie, das weiß sie nicht – dafür Sorge tragen wird.

Ihre Hingabe dauert an bis zum entscheidenden Moment, auch wenn das Evangelium es nicht mehr erwähnt. Ihr Vertrauen ist ungebrochen, obwohl ihr Sohn offensichtlich ihrer Erwartung zuwiderhandelt. Was da von den sechs Steinkrügen berichtet wird, von denen jeder etwa hundert Liter faßt und die mit Wasser gefüllt werden, entspricht nun überhaupt nicht unseren Vorstellungen, sozusagen: Wenn kein Wein mehr da ist, begnügen wir uns damit, Wasser zu trinken! Man gewinnt den Eindruck, als würde Jesus die Bitte seiner Mutter nicht ernst nehmen. Aber alles, was danach geschieht, und auch die Freude, mit der der Evangelist verkündet, daß Jesus in Kana in Galiläa sein erstes Wunder getan hat (vgl. 2,11), verdanken wir Maria, die zwar kämpfte, beharrlich bat und sich den jeweiligen Erfordernissen der Lage stellte, dabei aber immer das Vertrauen derer bewahrte, die den Kampf um den Gehorsam des Geistes schon gewonnen hat.

In unseren Kämpfen mit Gott befinden wir uns vielleicht irgendwo zwischen Ijob und Maria. Dabei müssen wir danach streben, Maria immer näherzukommen, soweit es uns auf unserem geistlichen Weg möglich ist, um den Gehorsam des Geistes erreichen, der die Grundhaltung des Glaubenden gegenüber Gott ist.

Das Ringen der Kanaanäerin (Mt 15,21–28)

Diese großartige Erzählung, die ganz parallel zu dem johanneischen Abschnitt von der Hochzeit zu Kana verläuft, berichtet vom Ringen der Kanaanäerin mit Jesus.

Erzählt wird von einer Frau, die weiß, daß sie nicht zum auserwählten Volk gehört, die keine Rechte und wenig Chancen hat. Dennoch wirft sie sich vor Jesus nieder und fordert ihm das ab, was sie will.

„Da kam eine kanaanäische Frau aus der Gegend von Tyrus und Sidon zu ihm und rief: Hab Erbarmen mit mir, Herr, du Sohn Davids! Meine Tochter wird von einem Dämon gequält" (15,22). Beachten wir die Kraft, die in dieser Bitte liegt, den Appell an die traditionellen und familiären Wurzeln Jesu, die Macht der messianischen Verheißungen, die auf ihm ruhen – „Sohn Davids" –, den Titel „Herr", der den Schlüssel zum Geheimnis seiner göttlichen Allmacht in sich birgt, die Worte, mit denen sie ihn um Mitleid bittet – „Hab Erbarmen mit mir" – und die Beschreibung des Leidens, das die Tochter durchmacht. Ihre Worte sind eindringlich und gehen zu Herzen.

Ergreifend ist auch die Identifikation der Mutter mit der Tochter: „Hab Erbarmen mit *mir*", meine Tochter leidet, aber ich leide mit ihr, und darum bitte ich dich um Erbarmen. Dennoch hört sie Jesus nicht an, er spricht nicht einmal mit ihr (15,23). Die Kanaanäerin fühlt sich einsam und abgelehnt, und so kämpft sie noch nachdrücklicher um das, was sie erreichen will. Um in diesem Kampf erfolgreich zu sein, bewegt sie in gewissem Sinn die Jünger, die „zu ihm treten und bitten: Befrei sie, denn sie schreit hinter uns her", sie bringt uns in Verlegenheit.

„Er antwortete" – der zweite Abwehrschlag – „Ich bin nur zu den verlorenen Schafen des Hauses Israel gesandt" (15,24) – eine anscheinend endgültige Antwort, mit der Jesus seine Sendung begrenzt.

Das ist der Punkt, an dem die Frau – besäße sie den Ungehorsam Ijobs – den Plan Gottes verfluchen würde, der nicht über die engen Grenzen eines auserwählten

Volkes, das nur auf sich selbst schaut und nicht auf seine Nachbarn, hinausreicht. Sie wäre auf dem besten Weg, Gott zu beleidigen und anzugreifen.

Statt dessen wirft sie sich vor dem Herrn nieder und ruft „Hilf mir!". Das Ringen geht weiter auf der Ebene der Liebe, des Gefühls, der Barmherzigkeit. Die Kanaanäerin ist sich des Erbarmens Jesu sicher, was auch immer sie über seine Worte denken mag.

Es scheint, als ob sie sagt: Ich kenne dich; ich weiß, daß du mir helfen kannst und willst, ich weiß: durch dein Verhalten willst du mich auf die Probe stellen. Sie geht durch die Prüfung und gelangt so zu einem geläuterten Glauben. Jetzt lebt sie in Demut, Entschiedenheit und Gelassenheit.

Ein drittes Mal wird sie barsch zurückgewiesen: „Es ist nicht recht, das Brot den Kindern wegzunehmen und den Hunden vorzuwerfen" (V. 26). Die Worte sind eine Beleidigung ihres Volkes, so gewählt, daß sie Widerstand, Zorn und eine große innere Bitterkeit hervorrufen. Der Kampf zwischen Gott und Mensch hat seinen Höhepunkt erreicht.

Tatsächlich befindet sich die Frau in einem Zustand tiefster mystischer Erregung. Es ist beeindruckend zu sehen, wie sie in völligem Gehorsam ihres Geistes Jesus nicht verflucht oder angreift, sondern in großer Freiheit und großem Vertrauen geradezu humorvoll reagiert: „Ja, du hast recht, Herr! Aber selbst die Hunde bekommen von den Brotresten, die vom Tisch ihrer Herren fallen" (V. 27).

Die Antwort zeugt von einer unvergleichlichen Souveränität, die nur von einem Menschen ausgehen kann, der wahrhaft an Jesus glaubt, an die Barmherzigkeit Gottes, an die alles durchdringende Kraft des Bundes, eine Kraft, die über die eigentlichen Worte hinausgeht, die die Frau hat. So geht die Frau als Siegerin hervor.

116

Und Jesus möchte besiegt werden. Das Geheimnis des Kampfes mit Gott besteht gerade darin, daß der Engel zufrieden ist, als Jakob ihn besiegt hat (vgl. Gen 32,23 ff). Ein rabbinischer Kommentar merkt an: Gott ist zufrieden, wenn seine Kinder ihn übertreffen und besiegen.

Da bricht die Freude aus Jesus hervor: „Frau, dein Glaube ist groß. Was du willst, soll geschehen" (V. 28). Ihr Glaube ist wahrhaft groß, denn durch alles, was die Liebe des Herrn verhüllte, um damit diesen außerordentlichen Glauben herauszufordern, ist ihr Glaube in das Herz Christi vorgedrungen.

Interessant ist die Parallelstelle bei Markus, die noch mehr Licht darauf wirft: „Weil du das gesagt hast, sage ich dir: Geh nach Hause, der Dämon hat deine Tochter verlassen" (Mk 7,29). Der Glaube der Frau ist machtvoll; das ist die Freude Jesu, daß das Wunder eigentlich gar nicht durch ihn bewirkt wurde, sondern durch die Macht des menschlichen Glaubens. Jesus hat gesiegt, weil es ihm gelungen ist, die Kanaanäerin auf eine neue, unerhörte Ebene des Glaubens zu bringen, die auf der gleichen Höhe wie der Glaube Abrahams liegt. Die Frau hat gesiegt, weil es ihr gelang, daß Jesus seine göttliche Wirklichkeit offenbarte.

Ich habe mich manchmal gefragt, was wohl geschehen wäre, wenn die Frau auf das Verhalten Jesu mit Beschimpfungen reagiert hätte. Der Herr tut sicher keine Wunder an denen, die ihn ablehnen, doch meine ich, daß er auch in diesem Fall zwischen den Verhaltensweisen unterschieden hätte.

Wäre die Frau wie Ijob in ihrem suchenden Verlangen des Glaubens wütend geworden, so wäre ihr vermutlich Jesus auf gleicher Ebene begegnet. Aber dann hätte die Kanaanäerin verloren. Wenn Maria wütend geworden wäre, wäre Jesus ihr sicherlich ihrer Verhaltensweise entsprechend begegnet. Aber Maria hätte nicht den tie-

117

fen inneren Frieden erreicht, sondern wäre eine Stufe darunter zurückgeblieben.

Wir selbst können uns verlieren. Jesus begegnet dem, der seine Sehnsucht nach einer Begegnung mit ihm offen zeigt, immer mit Liebe und Erbarmen.

Unsere Fähigkeit, mit Gott zu ringen

Die drei Geschichten lehren uns, daß wir vor allem danach suchen müssen, Gott in der liebenden Betrachtung zu begegnen.

Worin besteht unsere Fähigkeit, mit Gott zu ringen? Lassen wir uns leicht niederschlagen, fühlen wir uns vergessen und verlassen, vielleicht ohne es uns einzugestehen, eher unbewußt?

Oder versuchen wir, dem Beispiel Marias und der Kanaanäerin zu folgen, die beide auf Gott vertrauten und im Ringen ihres Lebens vom Glauben ausgehen und zum Glauben gelangen, die das Schwere annehmen wie auch die Dunkelheit als den höchsten Moment des Schreis, in dem Gott den Glauben und die Unverdientheit seiner Geschenke im Feuer prüft, bis er sich selbst in einer Fülle zeigt, wie sie seit Abraham den Höhepunkt des menschlichen Weges bildet?

Wir können darin eine Zusammenfassung der gesamten Heilsgeschichte sehen: Der Mensch, von Gott geschaffen und zur Prüfung berufen, hat die Herausforderung des Glaubens nicht annehmen können. Und genau darin besteht die Grundsünde: Daß man nicht auf Gott vertrauen, sich nicht der Führung durch sein Wort überlassen kann. Gott baut die Menschheit wieder auf durch den Weg des Glaubens, angefangen bei Abraham. Auf diesem Weg über die großen Gestalten des Alten Testaments wird der Glaube immer reiner. In Ijob trifft er auf eine typische, rätselhafte Figur, und er mündet in den Glauben Marias, in den Glauben der Heiligen des Neuen Testaments, bis zum Glauben Jesu, der ganz auf den Vater vertraut. Jesus ist der Mensch, der sich total und radikal auf Gott verläßt, auch und gerade dann, wenn er spürt, daß der Vater ihn der dunkelsten Einsamkeit überläßt.

All diese Personen – Abraham, Jakob, Ijob, Maria, die Kanaanäerin – finden wir in Jesus wieder, der vom Vater verlassen wird und der doch ganz auf den Vater vertraut. Sie begründen eine einheitliche Sicht der Erlösung, die uns dazu beruft, uns in unserem täglichen Ringen mit dem Geheimnis Gottes zu konfrontieren.

Drei Beispiele
für den Gehorsam des Geistes

Wenden wir uns außer dem Buch Ijob, das wir stets im Blick behalten wollen, auch einigen anderen Schriftstellen zu, um in einer *christologischen* Betrachtungsweise die Bedeutung des Gehorsams an drei Beispielen aufzuzeigen: Abraham (Gen 22), Ijob (Ij 40–42), Jesus (Mk 14).

Stellen wir der nun folgenden Betrachtung unsere Bitte um die Gnade Gottes voran, wobei wir uns von den Worten des Hebräerbriefs leiten lassen, der in sich als eine Zusammenfassung von Exerzitien betrachtet werden kann: „Da uns eine solche Wolke von Zeugen umgibt, wollen auch wir alle Last und die Fesseln der Sünde abwerfen. Laßt uns mit Ausdauer in dem Wettkampf laufen, der uns aufgetragen ist, und dabei auf Jesus blicken, den Urheber und Vollender des Glaubens; er hat angesichts der vor ihm liegenden Freude das Kreuz auf sich genommen, ohne auf die Schande zu achten, und sich zur Rechten von Gottes Thron gesetzt. Denkt an den, der von den Sündern solchen Widerstand gegen sich erduldet hat; dann werdet ihr nicht ermatten und den Mut nicht verlieren" (Hebr 12,1–3).

Jesus, der Urheber und Vollender des Glaubens, ist der, der durch die große Prüfung gegangen ist. Sie erreichte ihren Höhepunkt in der Schmach des Kreuzes, die Jesus auf sich genommen hat, indem er die vielen Feindseligkeiten von seiten der Sünder ertrug. Das spornt uns an, mit Ausdauer in dem Wettkampf zu laufen, der vor uns liegt, und alles was uns belastet, wie auch die Sünde, die uns bedrängt, abzulegen. Wir sind getragen von einer Wolke von Zeugen, von allen Heiligen des Alten und Neuen Testaments, besonders von denen, an die der Hebräerbrief erinnert (vgl. Hebr 11); Abraham ist einer von ihnen.

„Hilf uns, Herr, daß wir zuerst auf dich blicken. Von dir kommt unser Glaube her, und du bringst ihn zur Vollendung, du bist vor uns durch die Prüfung gegangen, und du leitest uns und läßt uns auf dem Weg nicht fehlgehen.

Hilf uns, daß wir uns in tiefer Liebe in dich versenken, damit wir dir auch in schwierigen Entscheidungen mutig und voll Freude nachfolgen."

Der Gehorsam Abrahams

„Nach diesen Ereignissen stellte Gott Abraham auf die Probe. Er sprach zu ihm: Abraham! Abraham!" (Gen 22,1). Es ist der Höhepunkt im Leben Abrahams. Für die Tradition wird er immer ein höchster, geheimnisvoller, dramatischer Moment bleiben, der sogar eine symbolische Deutung erfährt in bezug auf Christus am Kreuz und wenn vom Vater und vom Sohn gesprochen wird, von dem Vater, der „seinen eigenen Sohn nicht verschont" hat (vgl. Röm 8,32).

Gott stellt Abraham also auf die Probe. Zweimal ruft er ihn beim Namen und sagt ihm: „Nimm deinen Sohn, deinen einzigen, den du liebst, Isaak, geh in das Land Morija, und bring ihn dort auf einem der Berge, den ich dir nenne, als Brandopfer dar. Frühmorgens stand Abraham auf, sattelte seinen Esel, holte seine beiden Jungknechte und seinen Sohn Isaak, spaltete Holz zum Opfer und machte sich auf den Weg zu dem Ort, den ihm Gott genannt hatte" (VV. 1b–3). Die Nüchternheit der Erzählung überrascht; es läuft fast alles wie von selbst: Gott befiehlt, Abraham gehorcht, steht frühmorgens auf und macht sich auf den Weg.

Dennoch können wir uns unschwer vorstellen, welch ein Kampf sich in Abraham abgespielt haben mag, was an Gedanken, Einwänden und Widerständen über ihn hereinbrach, welch ein Widerstand ihn innerlich erschütterte, während er nach außen hin einfache Handlungen ausführte, so als gehe es um einen Ausflug aufs Land. Was uns noch erstaunt, ist, daß der biblische Text dieses Ereignis nicht kommentiert, kein Licht auf den dramatischen innerlichen Kampf Abrahams wirft. Statt dessen spricht der Hebräerbrief davon: „Aufgrund des Glaubens brachte Abraham den Isaak dar, als er auf die Probe gestellt wurde, und er gab den einzigen Sohn dahin, er, der die Verheißungen empfangen hatte und zu dem gesagt worden war: Durch Isaak wirst du Nachkommen haben" (Hebr 11,17–18). Dieser knappe Abschnitt faßt die ganzen Kämpfe zusammen, die Abraham innerlich führen mußte: Ausgerechnet an mich ergeht dieser Befehl? An mich, der ich der Erbe der Verheißungen bin, der ich geschmeichelt war, fasziniert von der Verheißung der Nachkommenschaft, auf die ich jahrelang gewartet habe? Wenn ich wenigstens mehr als einen Sohn hätte! Aber Isaak, ausgerechnet den einzigen, ausgerechnet den, von dem mir gesagt worden ist: „Durch Isaak wirst du Nachkommen haben, die deinen Namen tragen werden"?

Einerseits ringt Abraham und spürt, wie Einwände in ihm wühlen, die so einfach, so vernünftig und logisch sind – so wie die Ijobs –, andererseits aber, wie der Hebräerbrief noch erwähnt, „verließ er sich darauf, daß Gott sogar die Macht hat, Tote zum Leben zu erwecken; darum erhielt er Isaak auch zurück" (Hebr 11,19).

122

Es gelingt ihm, den Gehorsam des Geistes zu erfüllen, denn er vertraut gegen alles Vertrauen, er hofft gegen alle Hoffnung, wie Paulus es so kraftvoll ausdrückt.

Während er schweigend geht und versucht, den Berg von quälenden Gedanken niederzudrücken und zu beherrschen, stellt der Sohn in seiner Naivität und Arglosigkeit die Frage, die nicht gestellt werden durfte und die es dem Sturm, der in Abraham wütete, erst ermöglichte, nach außen zu dringen: „Nach einer Weile sagte Isaak zu seinem Vater Abraham: Vater! Er antwortete: Ja, mein Sohn! Dann sagte Isaak: Hier ist Feuer und Holz. Wo aber ist das Lamm für das Brandopfer?" Abraham spürte, wie es ihm das Herz durchbohrte, und dennoch antwortete er: „Gott wird sich das Opferlamm aussuchen, mein Sohn" (Gen 22,7–8).

Das heißt Gehorsam des Geistes: Sich über alles Verstehen hinaus dem Gott anzuvertrauen, der größer ist als wir und alles in seiner Hand hält, alles weiß und alles vermag und für alles Sorge trägt. Tatsächlich wird dieser Ort genannt werden „Der Herr sieht vor", „wie man heute noch sagt: Auf dem Berg läßt sich der Herr sehen" (Gen 22,14).

Das ist ein erstes bewegendes Beispiel für den Gehorsam des Geistes, das heißt für die Hingabe an ein Geheimnis, dessen Gründe mit der Vernunft nicht zu fassen sind, dessen Kraft wir aber dennoch in uns spüren.

Darum ist Abraham der Stammvater aller Glaubenden.

Das Ende von Ijobs Weg

Nachdem Ijob so viel phantasiert hat, kommt er am Ende der ersten Rede Gottes zu einer Aussage, wie sie dem reifen Grad seines Gehorsams entspricht:

„Da antwortete der Herr dem Ijob und sprach:
Mit dem Allmächtigen will der Tadler rechten?
Der Gott anklagt, antworte darauf.
Da antwortete Ijob dem Herrn und sprach:
Siehe, ich bin zu gering. Was kann ich dir erwidern?
Ich lege meine Hand auf meinen Mund.
Einmal habe ich geredet, ich tu es nicht wieder;
ein zweites Mal, doch nun nicht mehr" (40,1-5).

In dieser ersten Antwort erkennt Ijob an, daß die Welt, das Geheimnis der Geschichte und das Geheimnis jedes einzelnen Menschen Teil eines größeren Geheimnisses ist, das der Mensch nicht zu beherrschen vermag.

Darauf folgt die zweite Rede Gottes (40,6–41). Sie hat die Exegeten zu einer Flut von Kommentaren veranlaßt, denn es ist schwer zu sagen, was sie der ersten Rede an Wesentlichem hinzufügt. Welchen Sinn haben die beinahe schwülstigen Beschreibungen des Nilpferdes und des Krokodils? Wozu dieser beschreibende Stil, der dem Drama, auf das das Buch Ijob hinausläuft, die Spitze zu nehmen scheint?

Das versuchen die Exegeten auf verschiedene Art und Weise zu beantworten, wobei für mich am zutreffendsten erscheint: Nachdem über die Natur gesprochen worden ist, wird nun die Geschichte zum Thema: Unter dem Bild der Tiere wird auf die zwei Großmächte angespielt, die aus der Sicht Israels unbesiegbar waren und in der Lage, die ganze Welt zu vernichten: Ägypten – das Nilpferd, das in den Flüssen lebt – und Mesopotamien – das Krokodil, das wilde Tier der Mythen. So betrachtet Gott auch diese Dinge von oben, gleichsam spielerisch, denn er kennt sie zuinnerst, und wenn sie auch Grauen verbreiten, hält er sie doch in seiner Hand.

Wie auch immer dieser Abschnitt gedeutet werden mag, sicher ist, daß Gott in seiner Gegenrede fortfährt. Er läßt sich nicht direkt auf einen Disput mit Ijob ein,

124

sondern erweitert ihm den Horizont bis zu den Grenzen des Möglichen und sogar darüber hinaus, indem er an seine Stärke appelliert:

„Da antwortete der Herr dem Ijob aus dem Wettersturm und sprach:
Auf, gürte deine Lenden wie ein Mann!
Ich will dich fragen, du belehre mich!" (40,6–7).

Ijob wird gelobt, wenn auch ein wenig ironisch:
„Dann werde auch ich dich preisen,
weil deine Rechte den Sieg dir verschaffte" (V. 14).

Einige Kommentatoren bemerken, daß Gott sich damit dem Dilemma Ijobs entzogen hat, das um die Frage kreiste, ob er im Unrecht sei und oder im Recht. Der Herr sagt: Auch du bist stark, auch ich rühme dich, aber ich bin auch im Recht.

Die Gerechtigkeit Gottes ist anders als unsere. In ihr ist es möglich, daß Gott, die Welt und der Mensch gemeinsam gepriesen werden, quer durch alle geheimnisvoll erscheinenden Pläne hindurch. Das scheint der Sinn dieser Worte zu sein.

Nachdem er Ijob gelobt hat, fährt Gott fort:
„Sieh doch das Nilpferd, das ich wie dich erschuf.
Gras frißt es wie ein Rind.
Sieh doch die Kraft in seinen Lenden
und die Stärke in den Muskeln seines Leibs!
Wie eine Zeder läßt es hängen seinen Schwanz;
straff sind verflochten seiner Schenkel Sehnen.
Seine Knochen sind Röhren von Erz,
wie Eisenstangen sein Gebein" (40,15–18).

Und etwas weiter:
„Kannst du das Krokodil am Angelhaken ziehen,
mit der Leine seine Zunge niederdrücken?
Legst du ein Binsenseil ihm in die Nase,
durchbohrst du mit einem Haken seine Backe? . . .
Wer begegnete ihm und bliebe heil?

Unter dem ganzen Himmel gibt es so einen nicht.
Ich will nicht schweigen von seinen Gliedern,
wie groß und mächtig, wie wohlgeschaffen es ist ...
Auf Erden gibt es seinesgleichen nicht,
dazu geschaffen, um sich nie zu fürchten.
Alles Hohe blickt es an;
König ist es über alle stolzen Tiere" (vgl. 40,25–41,26).

Am Ende der langen Beschreibung spricht Ijob:
„Da antwortete Ijob dem Herrn und sprach:
Ich hab' erkannt, daß du alles vermagst;
kein Vorhaben ist dir verwehrt.
Wer ist es, der ohne Einsicht den Rat verdunkelt?
So habe ich denn im Unverstand geredet über Dinge,
die zu wunderbar für mich und unbegreiflich sind.
Hör doch, ich will nun reden,
ich will dich fragen, du belehre mich!
Vom Hörensagen nur hatte ich von dir vernommen;
jetzt aber hat mein Auge dich geschaut.
Darum widerrufe ich und atme auf,
in Staub und Asche" (42,1–6).

Ijob beginnt mit einem sehr schönen Wort, das vom
Engel bei der Verkündigung und später von Jesus in bezug auf den reichen Jüngling und das Heil der Reichen
aufgenommen werden wird: „Für Gott ist nichts unmöglich". Der Plan Gottes ist unergründlich und übersteigt
jegliches physische oder moralische Erkenntnisvermö-
gen. Der lebendige Gott ist der letzte Maßstab der Liebe
für das ganze Universum.

„Wer ist es, der ohne Einsicht den Rat verdunkelt?":
Nachdem Paulus das schreckliche Geheimnis Israels betrachtet hat, erfaßt er intuitiv, daß es einen unergründlichen Plan bergen muß, und er spricht die gleiche Gewißheit aus wie Ijob (vgl. Röm 11).

Und Ijob vollzieht den letzten Akt des Gehorsams des
Geistes, der zugleich ein Bekenntnis ist:

„So habe ich denn im Unverstand geredet über Dinge,
die zu wunderbar für mich und unbegreiflich sind."

Damit urteilt er über das, was er gesagt hat: Seine
Worte enthielten einen wahren Teil, aber die Rede ins-
gesamt neigte dazu, Dinge zu ergründen, die ihm nicht
zukommen, die sich dem Menschen entziehen.

Vers 5 ist – wegen der Lehre, die wir daraus ziehen
können – wohl der Höhepunkt des ganzen Buches:
„Vom Hörensagen nur hatte ich von dir vernommen;
jetzt aber hat mein Auge dich geschaut."

Darin liegt der Sinn von Ijobs langem Mühen. Er
kannte Gott von der Katechese, vom Unterricht, von
Darlegungen und aus Büchern. Diese Erkenntnisse müssen nicht falsch gewesen sein, dennoch waren sie nicht
geeignet, eine Einheit der Argumente zu vermitteln und
den Blick auf das Angesicht Gottes zu konzentrieren.
Ijob verlor sich in dem Versuch, die Vielfalt der Argumente in eins zu bringen. Jetzt sind ihm die Augen auf-
gegangen, und er ist zu der direkten intuitiven Einsicht
gelangt, daß man über Gott nicht sprechen kann; man
muß ihm vielmehr zuhören und ihn anbeten.

Wenn wir diese Haltung einnehmen, die ich als die
„affektive" bezeichnet habe, weil sie nicht darauf aus ist,
alles mit der Kraft des Intellekts zu enthüllen, sondern
sich dem Geheimnis unterstellt, dann wird uns die innere Übereinstimmung mit diesem Geheimnis geschenkt, so, wie es Jesus ausdrückt: „Bleibt in mir, dann
bleibe ich in euch" (Joh 15,4): Dann können wir behaupten, Gott mit unseren Augen zu schauen. Natürlich sind
Vernunft, Theologie und Pastoral nötig, aber über all das
hinaus zählt die intuitive Einsicht. Das ist das eigentliche Motiv, mehr noch, das Motiv, das keines mehr hat,
weil Gott reines Dasein ist, Dasein für uns, Dasein für
mich, und alle Argumente verstummen. Indem wir uns
dem Geheimnis unterstellen, erkennen wir wahrhaftig

Ihn, von dem alles herkommt, zu dem alles zurückkehrt und der die Einheit in unserem Leben stiftet.

Wir bemerken, daß Gott die Argumente Ijobs höher schätzte als die seiner Freunde, die sich einer sehr scheuen theologischen Ausdrucksweise bedienten, zu vorsichtig und zu sehr der Geradlinigkeit theologischer Denkstrukturen verhaftet, als der Tiefe theologischer Wirklichkeit. Ijob ist weiter vorgestoßen, hat mehr gewagt, hat mehr Mut, mehr Leidenschaft bewiesen. Daher ist er dem Geheimnis der Dreifaltigkeit nähergekommen, das Hingabe und Leidenschaft ist, Ganzheit und Geschenk. Als er sich jedoch anmaßte, es in Worte zu fassen, entzog es sich ihm: „Darum widerrufe ich und atme auf, in Staub und Asche" (V.6).

Schließlich hat Ijob den Gehorsam des Geistes erreicht, der reine Liebe, Demut, Unterwerfung ist, der die Spiritualität des Bundes zusammenfaßt: Ich vertraue dem, der mit mir den Bund geschlossen hat, ich gebe mich ihm hin, ich brauche nicht alles über ihn oder mich zu wissen, und daraus erwächst eine viel tiefere Erkenntnis, als sie mit spitzfindigen Argumenten je erreicht werden kann.

Das Beispiel Jesu in Getsemani

Jesus gibt uns im Garten von Getsemani ein drittes Beispiel für den Gehorsam des Geistes.

„Sie kamen zu einem Grundstück, das Getsemani heißt, und er sagte zu seinen Jüngern: Setzt euch und wartet hier, während ich bete. Und er nahm Petrus, Jakobus und Johannes mit sich. Da ergriff ihn Furcht und Angst, und er sagte zu ihnen: Meine Seele ist zu Tode betrübt. Bleibt hier und wacht! Und er ging ein Stück weiter, warf sich auf die Erde und betete, daß die Stunde, wenn möglich, an ihm vorübergehe" (Mk 14,32-35).

128

Wir wissen nicht, ob dies für Jesus der einzige derart dramatische Moment der Prüfung war. Es gibt einige Andeutungen in den Evangelien, die vermuten lassen, daß es nicht der einzige war. So berichtet Johannes von heftigen Verwirrungen und gefährlichen Situationen noch während des öffentlichen Auftretens Jesu.

In der Getsemani-Szene liegt eine typische Konkretisierung der Versuchungen Jesu vor, die dann im Hebräerbrief auf sein ganzes irdisches Leben bezogen werden: „Wir haben ja nicht einen Hohenpriester, der nicht mitfühlen könnte mit unserer Schwäche, sondern einen, der in allem wie wir in Versuchung geführt worden ist, aber nicht gesündigt hat" (Hebr 4,15).

In allem – also in der Angst, dem Ekel, dem Überdruß, dem Widerstand, der Demotivierung, die wir in Getsemani aufkommen sehen. Es ist die Prüfung, an die Hebr 12 erinnert.

Was bedeutet das Gefühl der Furcht und Angst, das in der Betrübtheit „zu Tode" gipfelt?

Ein logischer Zugang zum Kontext ist nicht einfach, und vielleicht kann uns ein affektives Gebet dabei helfen, uns der Verfassung Jesu bewußt zu werden, ihn anzuschauen und Furcht und Angst mit ihm zu fühlen.

Vielleicht können wir seine Ängste mit den unseren verbinden, vor allem mit denen, die uns in bezug auf das Reich Gottes leiden lassen, das wir nicht errichten können und das wir doch für so dringlich halten; mit den Sorgen, die wir um die anderen haben, um die schweren geistlichen Gefahren, in denen sie sich befinden; mit dem, was wir für Mißerfolge oder Rückzug der Kirche Gottes halten; mit dramatischen Familiensituationen, Kranken, mit den Leiden, die drogenabhängige Kinder verursachen; mit den Tragödien, die psychische Krankheiten in Familien anrichten und diese zur Hölle machen können.

Das alles ist auf seine Art Teilhabe an der Angst und der Betrübnis, die Jesus durchmachte.

Wir alle kennen auch das Gefühl, das uns von diesen Ängsten her überkommt – das Gefühl unnütz zu sein, Widerwillen in sich zu tragen – es ist am Beispiel des Buches Ijob deutlich geworden.

Der Hebräerbrief faßt die Lage Jesu so zusammen: „Als er auf Erden lebte, hat er mit lautem Schreien und unter Tränen Gebete und Bitten vor den gebracht, der ihn aus dem Tod retten konnte . . . Obwohl er der Sohn war, hat er durch Leiden den Gehorsam gelernt; zur Vollendung gelangt, ist er für alle, die ihm gehorchen, der Urheber des ewigen Heils geworden" (Hebr 5,7–9). Die Betonung liegt auf dem *Gehorsam*: Er lernt den Gehorsam des Geistes und wird zum Urheber des Heils für die, die lernen, ihm zu gehorchen.

Wie verhält sich Jesus in diesem Ringen um den Gehorsam des Geistes, das für viele darin endet, daß sie davonlaufen, daß sie sich zurückziehen oder alles verlassen?

Jesus *bleibt da.* Er fordert die Jünger auf zu bleiben, nicht davonzulaufen, nicht die Umgebung zu wechseln, sondern sich dem Kampf zu stellen. Dann geht er ein Stück weiter, wirft sich auf die Erde und betet darum, daß die Stunde, wenn möglich, an ihm vorübergehe.

Es ist von großer Bedeutung, daß Jesus das Übel direkt angeht, dabei aber von seiner eigenen Schwachheit ausgeht: „daß die Stunde an ihm vorübergehe".

Der, mit dem er ringt, ist der Vater, und er möchte um jeden Preis, daß sich der Wille des Vaters durchsetzt. Er sagt: „Abba, Vater, alles ist dir möglich. Nimm diesen Kelch von mir! Aber nicht, was ich will, sondern was du willst" (Mk 14,36).

Er weiß, daß sein Wille ein anderer ist, daß nach seinem Willen dieser Kelch an ihm vorübergehe; aber das entscheidende Wort ist „was du willst".

Dieses äußerste Wort des Glaubens, des Gehorsams des Geistes umschließt und deutet alles: Abraham, Ijob und all die Heiligen auf dem Glaubensweg des Alten Testaments.

Wir können bei der liebenden Betrachtung Jesu in Getsemani verweilen und ihn fragen: Was sagst du mir? Wie lebe ich diese Wirklichkeit?

Drei Schlußüberlegungen:

1. Wenn es ein Ringen um den Gehorsam des Geistes gibt, dann ist das Vorbild dafür *Jesus im Garten*, der betende Jesus; er ist das beste Vorbild, das den ganzen Kampf Ijobs in seiner Gewalt und in seinem Sieg zusammenfaßt, und der beste Ort, das Buch Ijob als ganzes neu zu lesen und seinen Ausgang im Plan Gottes zu erfassen.

2. Wer *betet*, nicht in Versuchung zu geraten, *hat schon halb gewonnen*. So bittet Jesus seine Jünger: „Betet, damit ihr nicht in Versuchung geratet" (Mk 14,38), und er nimmt uns in die Pflicht, im Vaterunser diese unablässige Bitte zu wiederholen. Nicht immer verstehen wir, wie wichtig sie ist, und oft sagen wir sie gedankenlos her. In ihr erbitten wir vom Vater die Gabe des Ringens und der Prüfung in vielen Situationen, damit wir nicht Hals über Kopf in sie hineingeraten, ohne zu merken, daß es sich um eine Prüfung handelt, sondern sie im Gebet angehen. Wenn wir merken, daß es sich bei einer Gegebenheit oder einem Geschehen um eine Prüfung handelt, in die Gott uns stellt, haben wir die Schwierigkeit schon zur Hälfte überwunden; wenn wir sie hingegen als böses Schicksal deuten, als Bosheit der Menschen oder der Ge-

sellschaft, als Ignoranz der Oberen oder als Faulheit derer, die uns anvertraut sind, ist es sehr schwierig, aus ihr herauszukommen, das geht dann nur durch rationales Erörtern oder mit organisatorischen Maßnahmen, die das Problem aber nur zum Teil lösen können.

Wenn ich erfasse, daß es sich um eine Prüfung handelt, schreit es in mir auf:

„Herr, laß nicht zu, daß ich in der Versuchung falle! Laß mich erkennen, daß dieses ein wichtiger Moment meines Lebens ist, und daß du bei mir bist und meinen Glauben und meine Liebe prüfen willst."

3. Der wahre Sieg, das lehren uns Abraham, Ijob und allen voran Jesus, besteht in der *Hingabe* an das unerschöpfliche, schöpferische überraschende Geheimnis Gottes, dessen Möglichkeiten weit über das hinausreichen, was wir denken und verstehen können. Wir dürfen nie meinen, in einer Sackgasse zu sein, denn auch wenn wir diesen Eindruck haben, vermag der dreifaltige Gott dennoch, uns aufzunehmen; so können wir die Mauern unseres Lebens, die Sackgassen, in denen wir uns gefangen fühlen, überwinden durch das Sich-Fallenlassen, das der höchste Akt der Freiheit des Menschen ist. Ein Akt, in dem der Mensch über sich selbst hinauswächst, nämlich als Geschöpf, das für den Dialog mit Gott geschaffen ist und das sich durch das bedingungslose Vertrauen zu ihm, dem Vater voller Liebe und Erbarmen, rettet.

„Vater, hilf uns, dich so zu erkennen. Laß unsere Augen dich erkennen und mit der Wahrheit sehen, die die Wahrheit der Frohen Botschaft, des Evangeliums, des endgültigen Heiles ist."

Die Vollendung der leidenden Kirche

Homilie

Das Johannesevangelium (Joh 1,45–51) stellt uns als einen der ersten Jünger Jesu einen Mann vor, der an Ijob erinnert: Natanaël ist ein rechtschaffener, integrer, einfacher Mensch, aus einem Guß und fähig, sich der Wahrheit zu öffnen.

Wir haben gelesen: „Der Herr sprach zum Satan: Hast du auf meinen Knecht Ijob geachtet? Seinesgleichen gibt es nicht auf der Erde, so untadelig und rechtschaffen, er fürchtet Gott und meidet das Böse" (Ij 1,8).

Und Jesus ruft aus: „Da kommt ein echter Israelit, ein Mann ohne Falschheit" (Joh 1,47).

Auch Natanaël ist ein Gerechter, und doch wird er durch die Prüfung gehen.

Sein ganzes Leben wird er am Geheimnis des Leidens Jesu teilhaben bis zur höchsten Prüfung im Martyrium.

Paulus hat die Prüfung eines Apostels ausführlich beschrieben. Wir, die Apostel, die ausgewählt wurden, die geglaubt haben, die sich haben senden lassen, die sich darauf verließen, daß die Gerechtigkeit Gottes sich an ihrer Person offenbaren würde, wir sind von Gott „auf den letzten Platz gestellt, wie Todgeweihte; denn wir sind zum Schauspiel geworden für die Welt, für Engel und Menschen" (1 Kor 4,9) – ungewohnte Worte für unser Empfinden.

„Schauspiel für die Welt" – das läßt an den ungleichen Kampf zwischen Menschen und wilden Tieren im römischen Amphitheater denken.

Sodann zählt Paulus eine Reihe von negativen Eigenschaften auf: töricht, schwach, verachtet, hungernd, dürstend, nackt, geschlagen, heimatlos, abgeplagt, beschimpft, verfolgt, geschmäht, Abschaum der Welt, verstoßen von allen (vgl. 1 Kor 4,10–13).

Wieder kommt uns Ijob in den Sinn, der den Kelch bis zum letzten Tropfen austrinkt.

Das Geheimnis der Prüfung des Gerechten wird bei Paulus zum Geheimnis der Prüfung des Apostels. Hier erfährt es eine neutestamentliche Ausweitung, die bei Ijob schon implizit enthalten ist, aber erst gegen Ende des Buches zum Durchbruch kommt.

Im Korintherbrief ist es schon gegenwärtig zwischen den Zeilen des Leidens selbst: Der Apostel, der teilhat am Geschick des leidenden Gerechten, drückt die Fülle der Auferstehung aus: „Wir werden beschimpft und segnen; wir werden verfolgt und halten stand; wir werden geschmäht und trösten.“

Das ist der Glanz, der in der Kraft des Kreuzes liegt.

Das führt zur Vision des himmlischen Jerusalem aus der *Offenbarung*. Es ist eine Vision, die die Kirche in der Verehrung des Apostels Bartolomäus zum Ausdruck bringt. Die liturgischen Gebete dieses Gottesdienstes an seinem Fest haben nicht zufällig die Kirche zum zentralen Thema.

Wenn sich die Kirche auf den heiligen Bartolomäus besinnt, bedenkt sie ihr eigenes Geheimnis im Horizont der Offenbarung, in der die Kirche als eine verfolgte, leidende erscheint, als diejenige, die in sich die Gestalt Ijobs trägt und zugleich auf die eigene Vollendung schaut.

Das messianische Jerusalem wird wunderschön beschrieben und mit den herrlichsten Beinamen belegt: es ist „die Braut, die Frau des Lammes“ (Offb 21,9).

In der Tradition der Ostkirche entsprechen diese beiden Begriffe einander, denn die Braut ist die endgültig als Frau versprochene und sie ist an eine das ganze Leben dauernde Übereinkunft gebunden.

Damit soll die Fülle der Brautschaft gezeigt werden, die gegenseitige, unauflösliche Beziehung der Liebe, die Gott an sein Volk bindet, wie auch das Vertrauen, das das Volk, die Kirche ihm entgegenbringt.

Im Falle Ijobs war das Vertrauen noch mühselig, es hatte Mühe, zum Ausdruck zu kommen.

In Maria von Nazaret und in der Kanaanäerin entfaltet sich das Vertrauen mit der ganzen Fülle und der Liebe, zu der ein menschliches Herz fähig ist: Du kannst mich doch nicht vergessen, ich kann gar nicht anders, als dir zu vertrauen, und du kannst nicht umhin, den Schmerz meines Lebens anzuschauen, du nimmst es dir zu Herzen, denn du hast deine Hand auf mich gelegt.

Das ist die Kirche, die ihre Gewißheit lebt, Braut und Frau des Lammes zu sein, dessen, der das Schicksal der Welt in seiner Hand hält und der in seinem Tod die Geschichte gerettet und erlöst hat.

„Da entrückte mich der Engel in der Verzückung auf einen großen, hohen Berg und zeigte mir die heilige Stadt Jerusalem, wie sie von Gott her aus dem Himmel herabkam, erfüllt von der Herrlichkeit Gottes" (V. 10).

Ich habe mich oft gefragt, warum die Kirche so beschrieben wird.

Wir stellen uns eher das Gegenteil vor: Eine Kirche, die durch die reinigenden Prüfungen der Geschichte hindurch zu Gott emporsteigt. Die Vision der Offenbarung hingegen stellt uns ganz unerwartet eine Kirche vor Augen, die vom Himmel herabkommt.

Was hat diese Vision zu bedeuten, die ein wenig im Widerspruch steht zu der Sicht des geschichtlichen Aufstiegs, die wir für gewöhnlich im Sinn haben?

Sie weist vermutlich darauf hin, daß die Kirche, obgleich sie ein Volk ist, das zu seinem Herrn pilgert, in ihrem Werden und in ihrer Vollendung ganz Geschenk Gottes ist und von oben her kommt, von der Gnade, der Liebe, der Barmherzigkeit.

Indem die Kirche ein Geschenk ist, auf Jesus gegründet, auf das Lamm, kommt in ihr die Fülle des Heils zum Vorschein, die eigentliche Katholizität: In ihr ist die Offenheit für alle Wirklichkeit zu finden, für das jüdische Volk wie für die gesamte Menschheit.

Diese Schau der Kirche sollte uns immer vor Augen stehen.

Wir, die wir die Verwirklichung der Kirche nur in Teilen erleben, die manchmal unvollkommen sind und uns vielleicht ärgern, wir, die wir versucht sind, uns der Frustration und der Demotivierung zu überlassen und die Hoffnung verlieren, wir müssen uns von dieser Schau Nahrung geben lassen.

Und manchmal, während ich ein Hochamt oder eine Messe mit vielen Menschen feierte, passiert es mir, daß ich immer wieder überrascht werde von dieser Vision: Ich bin Zeuge des wunderbaren Werkes Gottes, das von oben herabkommt.

Mit den Augen könnte ich Menschen wahrnehmen, die nicht bei der Sache sind, die einnicken oder schwätzen, mit dem Blick des Glaubens aber bewundere ich erstaunt diese Braut und Frau, die dank der Eucharistie von der Macht Gottes herabsteigt und sich in ihrer endgültigen Gestalt formt.

Das Staunen über die Vision des himmlischen Jerusalem hilft uns auf unserem täglichen Weg, es ist die Nahrung, die uns immer wieder aufbaut nach gelegentlichen Enttäuschungen, die wir in den verschiedensten Erfahrungen unseres Dienstes machen.

„Herr, durch die Fürsprache des heiligen Bartolomäus, schenke uns die Gewißheit, die Klarheit, mit der wir dein Werk sehen können, dein Werk, das unweigerlich von oben herabkommt und das du mit Entschlossenheit und Beständigkeit in unserer von Unsicherheit, Angst, Furcht und Unbeständigkeit erfüllten Welt aufbaust.

Hilf uns, durch diese Meditation und vor allem durch die Eucharistie, durch den Leib und das Blut deines Sohnes, immer weitergehen zu können, und auch dann noch zu hoffen, wenn wir das Unsichtbare schon gegenwärtig sehen: Die Kirche Gottes, die von oben herabkommt, um die Erde mit der Botschaft vom endgültigen Heil zu erfreuen.“

Achte Meditation

Ijob und das Hohelied

Das unaussprechliche Geheimnis der Dreifaltigkeit

Ijob und das Hohelied – mit diesem Thema dringen wir in den Bereich der Anbetung des Geheimnisses vor, der teilhat an der Welt des Mystischen, von der es stets angemessener ist, zu schweigen als zu reden.

Und doch drängen uns die Ereignisse in unserem Leben, die Prüfungen und die wachsende Beanspruchung dahin, in Berührung zu kommen mit dem *Geheimnis der Dreifaltigkeit*, in dem die Menschheit, die Welt und die Geschichte ihre Wurzeln haben.

– In eindringlichen Sätzen denkt *David Maria Turaldo* über seine unheilbare Krankheit nach. Er stellt sich die Frage, ob es recht ist, um Heilung und die Rettung vor dem Tod zu beten; er tastet sich dem Evangelium entlang, das er für sehr einfühlsam in dieser Angelegenheit hält und hebt die Stellen mit gutem Ausgang hervor (der Blinde, der sehen möchte; der Diener des Hauptmanns, der um Gnade für seine Tochter bittet; die Auferweckung des Lazarus; die Bitte der Kanaanäerin, die erfüllt wird). „Dennoch", fährt Turaldo fort, „stellt sich das Problem mit aller Macht im Angesicht von Gott selbst. Nein, ich meine, es ist nicht recht, Gott um meine Heilung zu bitten. Verstehen kann ich das aber nur auf der menschlichen Ebene, auf der eines Ijob, der sich noch im Dunkel seines Schmerzes und seiner Verzweiflung vorantastet;

138

ich kann es also zulassen als einen notwendigen Ausbruch, als ein Mittel gegen die Todesangst.

Ich bete nicht darum, daß Gott eingreift; ich bete darum, daß er mir die Kraft gibt, den Schmerz zu ertragen und dem Tod mit der gleichen Kraft entgegenzublicken, wie Christus es tat. Ich bete nicht, um Gott umzustimmen, sondern ich bete, um ihn in mich aufzunehmen, und dadurch vielleicht selbst oder besser noch mit anderen zusammen die Dinge verändern zu können" (vgl. „Cosa pensare e come pregare di fronte al male" – Was wir über das Unheil denken und wie wir angesichts dessen beten können, in: Servitium 64 [1989]).

Mit solchen Worten berühren wir Horizonte des Geheimnisses, die wir sonst nicht anzugehen wagten.

– Dazu ermutigen uns nicht wenige Aussagen Jesu, angefangen bei den Leidensweissagungen: „Dann begann er, sie darüber zu belehren, der Menschensohn müsse vieles erleiden und von den Ältesten, den Hohepriestern und den Schriftgelehrten verworfen werden; er werde getötet, aber nach drei Tagen werde er auferstehen. Und er redete ganz offen darüber" (Mk 8,31–32a).

Diese Worte werden dreimal wiederholt. Wir kennen keine andere historische Person, die während ihres Lebens soviel von ihrem Tod geredet hat wie Jesus, ja, die ihr Leben vom Tod her verstanden hat und also im Angesicht des Todes gehandelt hat.

Die Leidensweissagungen, auf die die Evangelien jeweils nur punktuell hinweisen, werden durch andere Worte Jesu bekräftigt, so zum Beispiel: „Ich bin gekommen, Feuer auf die Erde zu werfen. Wie froh wäre ich, es würde schon brennen! Ich muß mit einer Taufe getauft werden, und ich bin sehr bedrückt, solange sie noch nicht vollzogen ist" (Lk 12,49–50). Daran erin-

139

nern auch die Psalmverse, die in der geistlichen Betrachtung auf die Fleischwerdung des Wortes und das Eintreten in den Kampf gegen die Sünde angewendet werden:
„Dort hat er der Sonne ein Zelt gebaut.
Sie tritt aus ihrem Gemach hervor wie ein Bräutigam;
sie frohlockt wie ein Held
und läuft ihre Bahn" (Ps 19,6).

Man gewinnt den Eindruck, daß Jesus nach der Prüfung verlangt und ihr mit Freude entgegentritt.

Der Psalm fährt fort:
„Am Ende des Himmels geht sie auf
und läuft bis ans andere Ende;
nichts kann sich vor ihrer Glut verbergen" (V. 7).

Und wieder sagt Jesus zu Beginn des letzten Abendmahles: „Ich habe mich sehr danach gesehnt, vor meinem Leiden dieses Paschamahl mit euch zu essen" (Lk 22,15). Das gleiche Verlangen danach, sich der Prüfung zu unterwerfen, lesen wir aus der symbolischen Geste der Fußwaschung: „Jesus wußte, daß seine Stunde gekommen war, um aus dieser Welt zum Vater hinüberzugehen. Da er die Seinen, die in der Welt waren, liebte, erwies er ihnen seine Liebe bis zur Vollendung."

Sodann „stand er vom Mahl auf, legte sein Gewand ab und umgürtete sich mit einem Leinentuch. Dann goß er Wasser in eine Schüssel und begann, den Jüngern die Füße zu waschen", um zu zeigen, daß er uns das Leben schenkt, für unser Leben und um uns zu reinigen.

So sagt er zu Petrus: „Wenn ich dich nicht wasche, hast du keinen Anteil an mir" (vgl. Jo 13,1–8).

Versuchen wir, in das Bewußtsein Jesu vorzudringen, in jenes Bewußtsein, das ihn zum Beispiel für die ganze Menschheit macht: Denn er ist das Haupt der erlösten Menschheit, der Erstgeborene von den Toten, der Erstgeborene der Schöpfung, in dem wir unsere Berufung als Geschöpfe erkennen, denn in ihm sind wir geschaffen und erlöst. Darüber hinaus erlaubt es uns, in Jesus das Geheimnis der Dreifaltigkeit, des innersten Lebens Gottes zu betrachten.

Zwei Weisen unermüdlichen Suchens

Mit diesen Vorgaben wollen wir die Beziehung zwischen Ijob und dem Hohenlied betrachten.

Auf den ersten Blick sieht es so aus, als bestünde kein Bezug zwischen diesen beiden so unterschiedlichen Büchern. Dennoch haben sie zumindest das eine gemeinsam, daß sie beide eine unermüdliche Suche zum Inhalt haben.

Ijob ist das Buch der unermüdlichen Suche nach der göttlichen *Gerechtigkeit*, danach, wie sie sich äußert und wie der Mensch sie verstehen kann. Das Hohelied ist eine unermüdliche Suche nach der *Liebe*, nach dem Antlitz des Geliebten, nach seiner Gegenwart und der Freude, die sie bringt.

1. Ijob kommt tastend voran, wie ein Blinder, der sich im Dunkeln vorwärtsbewegt. Und doch gibt es in all seinen Beschwerden ab und zu einen Lichtblick. Einer dieser Lichtblicke findet sich gegen Ende des 19. Kapitels. Weil dieser Abschnitt, wie das ganze Buch, schwierig zu verstehen ist, wurde er von den Exegeten ausführlich behandelt:

„Erbarmt, erbarmt euch meiner, ihr meine Freunde!
Denn Gottes Hand hat mich getroffen.
Warum verfolgt ihr mich wie Gott,
warum werdet ihr an meinem Fleisch nicht satt?
Daß doch meine Worte geschrieben würden,
in einer Inschrift eingegraben
mit eisernem Griffel und mit Blei,

für immer gehauen in den Fels.
Doch ich, ich weiß: mein Erlöser lebt,
als letzter erhebt er sich über dem Staub.
Ohne meine Haut, die so zerfetzte,
und ohne mein Fleisch werde ich Gott schauen.
Ihn selber werde ich dann für mich schauen;
meine Augen werden ihn sehen, nicht mehr fremd"
(Ij 19,21–27).

Rätselhafte Worte – auch weil sie in den Kommentaren ganz unterschiedlich übersetzt werden. Trotzdem besteht Einigkeit darüber, daß sie gleichsam einen Lichtblick von Gewißheit und Vertrauen ausdrücken, der alles Erwartbare überragt, weil er sich auf etwas gründet, das alles übersteigt, was der Mensch von sich aus erkennen kann.

2. Im Hohenlied gibt es vergleichbare Lichtblicke und Weisen des Suchens.

Etwa in den Abschnitten, die in der Jerusalemer Bibel mit „Zweites Lied" und „Viertes Lied" überschrieben sind.

– Die Frau:
„Horch! Mein Geliebter!
Sieh da, er kommt.
Er springt über die Berge,
hüpft über die Hügel.
Der Gazelle gleicht mein Geliebter,
dem jungen Hirsch.
Ja, draußen steht er
an der Wand unsres Hauses;
er blickt durch die Fenster,
späht durch die Gitter.
Der Geliebte spricht zu mir:
Steh auf, meine Freundin,
meine Schöne, so komm doch!

142

Denn vorbei ist der Winter,
verrauscht der Regen.
Auf der Flur erscheinen die Blumen;
die Zeit zum Singen ist da.
Die Stimme der Turteltaube
ist zu hören in unserem Land.
Am Feigenbaum reifen die ersten Früchte;
die blühenden Reben duften.
Steh auf, meine Freundin,
meine Schöne, so komm doch!
Meine Taube im Felsennest,
versteckt an der Steilwand,
dein Gesicht laß mich sehen,
deine Stimme hören!
Denn süß ist deine Stimme,
lieblich dein Gesicht" (Hld 2,8–14).

Der Lockruf und die Worte bleiben bis zum Schluß Verlangen und Sehnsucht:
„Des Nachts auf meinem Lager suchte ich ihn,
den meine Seele liebt.
Ich suchte ihn und fand ihn nicht" (3,1).

Das sehnsüchtige Suchen, das für das Buch Ijob charakteristisch ist, ist auch im Hohenlied ausgedrückt, aber auch die Enttäuschung kommt zur Sprache: Eine Enttäuschung, die sich nicht geschlagen gibt und die nicht verzichtet. Denn wer sucht, den bewegen die Liebe und nicht Gründe der Vernunft und Logik.

So fährt auch die erfolglos Suchende fort:
„Aufstehen will ich, die Stadt durchstreifen,
die Gassen und Plätze,
ihn suchen, den meine Seele liebt.
Ich suchte ihn und fand ihn nicht.
Mich fanden die Wächter
bei ihrer Runde durch die Stadt.
Habt ihr ihn gesehen, den meine Seele liebt?

Kaum war ich an ihnen vorüber,
fand ich ihn, den meine Seele liebt.
Ich packte ihn, ließ ihn nicht mehr los,
bis ich ihn ins Haus meiner Mutter brachte,
in die Kammer derer, die mich geboren hat" (3,2–4).

Es ist ein fortlaufendes Spiel, das hier beschrieben
wird: der Geliebte kommt und ruft, aber es findet keine
Begegnung statt; nun wird er gerufen und läuft weg;
schließlich finden sie sich und lassen einander nicht
mehr los.

– Das vierte Lied überrascht, denn der Geliebte ist er-
neut fern und wird ständig gesucht:
„Horch, mein Geliebter klopft:
Mach auf, meine Schwester und Freundin,
meine Taube, du Makellose!
Mein Kopf ist voll Tau,
aus meinen Locken tropft die Nacht.
Ich habe mein Kleid schon abgelegt –
wie soll ich es wieder anziehen?
Die Füße habe ich gewaschen –
soll ich sie wieder beschmutzen?
Mein Geliebter streckte die Hand durch die Luke;
da bebte mein Herz ihm entgegen.
Ich stand auf, dem Geliebten zu öffnen.
Da tropften meine Hände von Myrrhe
am Griff des Riegels.
Ich öffnete meinem Geliebten:
Doch der Geliebte war weg, verschwunden.
Mir stockte der Atem: er war weg.
Ich suchte ihn, ich fand ihn nicht.
Ich rief ihn, er antwortete nicht" (Hld 5,2–6).

Nun beginnt der lange Dialog – zunächst mit den Wachen, dann mit dem Chor. Diesmal scheint es, als ob die
Frau den Geliebten nun endgültig nicht mehr finden
wird.

Im Laufe des Hohenliedes klingt zwischen den Dialo-
gen immer wieder das Grundthema an: „Mein Geliebter
ist mein, und ich bin sein." Es ist ein Wort des Vertrauens und wird immer in Abwesenheit des Geliebten aus-
gesprochen. Wie alle wichtigen Dinge in der Bibel kehrt
es dreimal wieder:
„Der Geliebte ist mein, und ich bin sein" (Hld 2,16);
„Meinem Geliebten gehöre ich, und mir gehört der Geliebte" (6,3);
„Ich gehöre meinem Geliebten, und ihn verlangt nach
mir" (7,11).
Also: du bist mein Gott, wir sind dein Volk; du bist
mein Volk, ich bin dein Gott. Warum sollen wir in diesen Worten nicht die Bundesformel entdecken, die sich
in Gegenseitigkeit und Intimität ausdrückt?
Der unzerstörbare Bund, vollkommenes Vertrauen,
Erwartung und Staunen, absolute Gewißheit, auch wenn
der Geliebte nicht da ist, wenn er gesucht werden muß,
wenn man ihn noch nicht bei sich hat.
Das Hohelied spricht also von einer Suche, die sich
auf die unzerstörbare Hoffnung gründet, daß der, den
wir suchen, da ist und uns liebt, und daß wir ihn finden
werden; zugleich erzeugt diese Suche Bangen, Leiden
und Warten. Wenn wir ihn wiederfinden, wird Überraschung, Freude, Friede, Begeisterung dasein, und gleich
darauf erneutes Verlieren, dann Sehnsucht, Verlangen
und Flehen.
Man hat den Eindruck, daß hier in ganz einfacher
Form das Spiel der Liebe beschrieben ist, das unser ganzes Leben durchzieht; angefangen bei der Mutter, die
sich dem Kind entzieht, um ihm die Begeisterung und
die Freude des Wiederfindens zu ermöglichen, die es in
der wahren Freundschaft erfährt. Die Liebe fordert Abwesenheit und Anwesenheit, Entziehen und Suche, um
die Überraschung und Freude noch zu vergrößern.

Es gibt Texte von *Adrienne von Speyr,* die besonders betroffen machen. Diese Mystikerin unserer Zeit reflektiert über das Thema des Spiels der Liebe in jeder Beziehung – etwa in der Freundschaft, der Ehe, der Familie, und sie setzt es in Bezug zum Geheimnis der Dreifaltigkeit, dem Geheimnis der liebevollen Beziehung, in der etwas liegt, das dem Spiel der Liebe vergleichbar ist.

In der Dreifaltigkeit gibt es keine oberflächliche Liebe, sondern vielmehr Zärtlichkeit, schöpferische Kraft, Schwung und Begeisterung. Das scheint mir eine sehr aufmerksame und tiefgehende Beobachtung zu sein, wenn man das Geheimnis Gottes nicht auf einen unbeweglichen Ozean reduzieren will, sondern es als ein von dieser Kraft und dem Geschmack des Unvorhersehbaren, des Abenteuers, der fortdauernden Dynamik erfülltes Geheimnis versteht, einer Dynamik, die allein das deutlich machen kann, was die Schöpfung bedeutet und das Risiko, einen *Partner* zu haben, mit dem man in einen Dialog eintreten kann. Gott geht das Risiko ein, abgewiesen zu werden, obwohl er eine Beziehung wahrer Liebe eingeht. Auf der gleichen Ebene kann man auch das Verlangen des Sohnes verstehen, sich auf das Abenteuer des Menschlichen einzulassen, die Prüfung auf sich zu nehmen und sie im Inneren zu durchleben, um so, in der Verbundenheit sowohl mit dem Menschen, als auch mit dem Vater, diese überreiche Liebe zu begründen, die nie müde wird und nie erlischt.

Ein Gott, der sich uns entzieht

Wir können jetzt den Sinn besser verstehen, der in den sogenannten mystischen Prüfungen liegt, die zu den schrecklichsten im Leben gehören: die Nacht der Sinne, die Nacht des Geistes, die Nacht des Glaubens, in der der

Mensch in einem Zustand schierer Verzweiflung herumtastet, weil die Liebe, der er sich völlig ergeben hat, ohne die er nicht mehr leben kann, nicht da ist. In diesen geheimnisvollen Bewegungen des Geistes begreifen wir etwas, das uns gestattet zu verstehen, wie sie vor dem Hintergrund des Geheimnisses Gottes, nicht durch ein rein logisches Wissen, sondern auf dem Weg der Zuneigung zum Göttlichen, einen ganz klaren Sinn haben. Gott entzieht sich, um sich suchen und finden zu lassen; die Suche nach ihm, auch wenn sie leidvoll und schmerzhaft ist, ist Teil des Spiels, das die Liebe spielt, ist ein notwendiger Übergang zu einer wahrhaftigeren Erfahrung. „Ich habe gesucht und nicht gefunden" betont somit eine großartige Dynamik in unserem Wissen von Gott.

Im Grunde kann auch Ijob sagen: Ich habe gesucht und nicht gefunden. Denn er hat nicht die Antwort erhalten, mit der er Gott überlisten wollte. Aber er ist soweit gekommen zuzugeben: „jetzt hat mein Auge dich geschaut", während ich früher „vom Hörensagen nur von dir vernommen" hatte (vgl. Ij 42,5), denn nun bin ich tiefer in dein Geheimnis eingedrungen.

Wenn es uns geschenkt ist, selbst Momente der Dunkelheit, des Leidens oder der liebenden Suche zu erleben oder an den Erfahrungen anderer, die das durchmachen, teilzuhaben, können wir vielleicht etwas mehr von dem Geheimnis der Nacht und der Prüfung erspüren, auch wenn das nicht in logische Worte zu fassen ist. Es ist nicht an die starren Regeln der Gerechtigkeit gebunden – „er ist blind, also hat er selbst gesündigt oder seine Eltern" (vgl. Joh 9,1–2) –, sondern es ist eingebunden in das Geheimnis, das Jesus ausspricht: „Das Wirken Gottes soll an ihm offenbar werden".

Weil Gott selbst ein Geheimnis von Beziehungsleben ist, überraschend und immer in Bewegung, teilt er sich

147

in der Dynamik einer Suche mit, die durchwoben ist von Schatten und Licht, von Verborgenheit und Offenbarung. Also gerade nicht in der logischen, kristallenen, cartesischen Klarheit, die der Mensch immer gerne hätte. Nicht so wie die Brüder Jesu, die ihn ermahnen, sich zu zeigen. Jesus zeigt sich in bezug zu diesem Geheimnis: er zeigt seine Gegenwart, und er entzieht sich. Er zeigt sich in den Wundern, und er entzieht sich in der Demütigung des Kreuzes; er zeigt sich in der Auferstehung, doch nur einigen Vertrauten, und er entzieht sich den großen, spektakulären Erwartungen seiner Welt und der Welt zu aller Zeit.

Sicherlich wäre es für uns letztlich viel einfacher, an einen Gott zu glauben, der die Bühne der Geschichte für ein großes Feuerwerk benutzt.

Doch der Gott der Offenbarung ist von Natur aus geheimnisvoll; er stellt sich nicht einfach platt und allgemein zur Schau, vielmehr ist er Suche, Spiel und sich ständig erneuernde Beziehung.

Um ihn zu erkennen, müssen wir ihn also suchen und sein Spiel mitspielen. Wer ihn auf eine Dialektik reduzieren will, die nicht die seine ist, wird Mühe damit haben, ihn zu erkennen und anzunehmen. Er wird ihn mit dem Verstand annehmen, aber er wird sich nicht damit abfinden, daß er nicht seinen Erwartungen entspricht. Man muß sich auf das Spiel einlassen, „sich freuen wie ein Schneekönig", um auf diesem Weg zu gehen, wie die Sonne von einem Ende zum anderen zieht. Das Spiel birgt immer beides: ernstes Risiko und zugleich Leichtigkeit und Freude. Mir fällt dabei die Besteigung einer Bergwand ein; auch das ist eine Art von Spiel, sie geschieht nicht aus einem bestimmten Interesse. Darum macht sie Spaß, und darum ist sie auch ein Risiko, weil die Angst da ist, es nicht zu schaffen. Aber wenn man die verschiedenen Schwierigkeiten überwunden hat und

148

sich Stück für Stück dem Gipfel nähert, bricht im Herzen die Freude darüber hervor, daß man ihn bezwungen hat, eine Freude, die der nicht verspüren kann, der ihn bequem im Sessellift erreicht.

Das zu verstehen, kommt dem wahren Erkennen Gottes gleich. Die Erkenntnis „vom Hörensagen" weist einen Riß auf; wir können ihn nur dann als phantasievolle, spielerische, überraschende und schöpferische Beziehung erfahren, als dreifaltige Liebe, wenn wir das Risiko auf uns nehmen, hochzuklettern, wenn wir dem Sohn Gottes ähnlich zu werden suchen, der sich in der Welt der Geschöpfe aufs Spiel gesetzt hat bis zur Hingabe seines Lebens.

Ijob, eine Dichtung von der Liebe

Zum Ende unserer Exerzitien und unserer Betrachtungen des Buches Ijob sehen wir, daß auch das Problem Ijobs ein Problem der Liebe ist; einer Liebe, die sich zurückgewiesen fühlt, die aber glaubt gegen jeden Anschein, die kämpft und schreit und brüllt, die leidet, weil sie den Geliebten seiner Hülle entreißen will.

In der ersten Meditation, die zum Geheimnis der Prüfung hinführen sollte, sind wir auf die Wette Satans auf den Menschen eingegangen: im Menschen gebe es keine bedingungslose Liebe, keine wahre Freiheit, die imstande wäre, sich zu verschenken.

Ich weiß nicht, ob meine Liebe zu Gott wirklich bedingungslos ist, und wenn ich vorgäbe, es zu wissen, würde ich mir die Schwierigkeiten Ijobs zu eigen machen und mich endlos plagen.

Aber ich weiß, daß Gott mich prüft und daß er meine Liebe auf seinen geheimnisvollen Wegen zur vollkommenen Läuterung tragen wird. Das Problem der

149

reinen Liebe, die sich selbst verschenkt, ist nicht meines, es ist das Gottes, der auf mich vertraut und mir zutraut, daß ich ihn liebe, wie er mich immer geliebt hat und liebt.

Was mich betrifft, so muß ich danach trachten, mich mit meiner ganzen Person und der ganzen Fülle der menschlichen und göttlichen Gnadengaben, die der Herr mich erleben läßt, Gott zu schenken.

Seine Sache wird es sein, mich auf die Art und Weise an sich zu ziehen, die er selbst für die wahre und echte hält.

Zudem – und das läßt das Hohelied uns erkennen – birgt die wahre Liebe ihre eigene Fülle, ihre Schönheit und ihren Lohn; das zu verstehen, meint genau das, in die Liebe Gottes einzutreten, in jene Liebe, die es vermag, außer durch sich selbst durch nichts gerechtfertigt zu sein.

Das sind die Horizonte, die wir erahnt haben, und um die jeder weiß, der liebt; wer liebt, der weiß sehr wohl, daß die Liebe der Bedingungslosigkeit entspringt, auch wenn sie sich danach, im Laufe der Zeit, von tausend Geschenken nährt. Dennoch ist sie ihrem tieferen Wesen nach ein Geschenk seiner selbst und mit nichts zu vergleichen und als solches ein Widerschein des dreifaltigen Lebens.

Bitten wir den Herrn, in uns den Sinn für die Dinge wachsen zu lassen, die wir erleben, um unsere Unwissenheit über ihn ein wenig zu mindern.

Dann werden wir Jesus zu uns sagen hören: „Ihr habt mit mir ausgeharrt in all meinen Prüfungen", nun kennt ihr mich besser, jetzt seid ihr auch soweit, daß ihr mit mir herrschen könnt, denn ihr habt mit mir gelitten.

„Herr, unsere Prüfungen sind die deinen, und deine sind die unseren. Wenn wir deine heilige Passion betrachten, möchten wir jene koinonia *mit deinem Leiden erlangen, die uns die Gewißheit gibt, jene Kraft zu erfahren, die deine Auferstehung uns verleiht."*

Beten wir zusammen darum, daß wir diesen anspruchsvollen und wunderbaren Weg zu Ende gehen.

151

Ein leuchtendes Beispiel bedingungsloser Liebe

Homilie

Die Geschichte von *Rut* (Rut 1,3–8.14–16.22) bildet eine friedvolle Unterbrechung in dem Bild von Blut, Krieg, Kampf, Streitigkeiten, Grausamkeit und Unglaube, das das Buch Richter zeichnet.

Die Erzählung von Rut zeigt auf, daß auch in den Zeiten, in denen der Mensch zum „Wolf" des Menschen zu werden scheint, in denen die Menschen sich gegenseitig scheinbar nur noch wie Bestien behandeln, es dennoch Erfahrungen der Liebe und der Nächstenliebe, der Güte und der Bedingungslosigkeit gibt. Wie ein kostbares Mosaiksteinchen ist dieses wunderschöne Buch in das dunkle Bild des feudalen Lebens in Israel eingefügt.

Es ist nicht zuletzt darum so schön, weil es von der Großmutter Davids erzählt, und auch vom Messias; Betlehem wird erwähnt, die Geburtsstadt Jesu. Alles läßt schon die Vertrautheit, die Zartheit und die Freude von Weihnachten ahnen.

Die Geschichte beginnt mit der Beschreibung einer großen gesellschaftlichen, politischen und kulturellen Prüfung: Eine Hungersnot bricht aus und zwingt viele, in ferne Länder zu gehen.

Es gab eine Zeit, zu der viele unserer Landsleute von diesen Leiderfahrungen betroffen waren. Heute sind es andere Menschen, die in unser Land und nach ganz Europa kommen. Eine neue multinationale Gesellschaft Europas bildet sich durch die Masseneinwanderungen aus der Dritten Welt heran; allein in Deutschland

152

zählt man mehr als fünf Millionen Einwanderer, zumeist Türken.

Die Lage, in der die Welt sich heute befindet, wird also bestimmt durch die Leidenssituation der Emigranten. Dem eigenen Land und dem damit verbundenen Lebensgefühl entwurzelt zu sein und stets die Unsicherheit vor Augen zu haben, ist eine harte Prüfung für den Menschen.

Das Buch Rut beschreibt diese Prüfung, zu der sich eine leidvolle Prüfung im familiären Bereich gesellt. Elimelech, der Mann Noëmis, stirbt, und mit ihm seine zwei Söhne. Die Familie ist vom Unglück verfolgt, man könnte fast sagen, sie sei von Gott vergessen. Noëmi bleibt zurück, von allem beraubt, ohne Hoffnung und Zukunft. Mit einer heroischen und uneigennützigen Geste fordert sie ihre beiden moabitischen Schwiegertöchter auf, sich in Sicherheit zu bringen und zu ihren Familien zurückzukehren und sie in ihrem Leid sterben zu lassen. Noëmi meint es gut mit den beiden. Gerade da wächst der Mut der Moabiterin Rut, einer Fremden in Israel und Angehörigen eines Israel verhaßten Volkes. Moab ist das Symbol des Volkes, das sich von Gott abwendet, wie es im Psalm heißt: „Moab ist mein Waschbecken" (Ps 108,10). Doch gerade aus diesem Volk kommt mit Rut ein ganz leuchtendes Beispiel reiner, echter und bedingungsloser Liebe.

Rut gibt Noëmi zur Antwort: „Dränge mich nicht, dich zu verlassen und umzukehren. Wohin du gehst, dahin gehe auch ich, und wo du bleibst, da bleibe auch ich. Dein Volk ist mein Volk, und dein Gott ist mein Gott. Wo du stirbst, da sterbe auch ich, da will ich begraben sein ... So kehrte Noëmi mit Rut, ihrer moabitischen Schwiegertochter, aus dem Grünland Moabs heim. Zu Beginn der Gerstenernte kamen sie in Betlehem an" (Rut 1,16–17.22).

Wenn wir lesen, wie sich diese Frau im Rahmen der starken familiären Traditionen verhält, die etwa heute noch in Afrika so gelebt werden, staunen wir, wie leicht sie auf dieses Beziehungsnetz verzichtet und sich dafür entscheidet, mit ihrer Schwiegermutter zu einem Volk zu ziehen, das nicht ihr eigenes ist, das sie nicht kennt und mit dem sie nichts verbindet als ihr toter Ehemann, der sie ja nicht mehr beschützen kann. Obwohl sie Noëmi nahe ist, wählt sie die Unsicherheit, die Einsamkeit und die mögliche Verachtung.

Ihr Verhalten ist ganz uneigennützig und nicht von Vernunftgründen bestimmt; folgerichtig wäre es gewesen, wenn sie in ihr Elternhaus zurückgekehrt wäre, sich ein neues Leben aufgebaut und das Abenteuer mit dem fremden Israeliten vergessen hätte. Statt dessen treibt sie ein innerer Antrieb dem Unbekannten entgegen, und sie bleibt dem Gedächtnis an den Toten treu wie auch seiner Mutter. „Wohin du gehst, dahin gehe auch ich, und wo du bleibst, da bleibe auch ich. Dein Volk ist mein Volk, und dein Gott ist mein Gott. Wo du stirbst, da sterbe auch ich, da will ich begraben sein". Die Bundesformel klingt hier an: Du bist mein Volk, und ich bin dein Gott.

Das Geheimnis des Bundes zieht Rut an, und sie überläßt sich ihm liebend, voll Freude und Vertrauen. Und der Fortgang der Geschichte zeigt, daß dieses Vertrauen sie zu einer neuen schöpferischen und glühenden Frau macht. Indem sie aus den engen Traditionen ausbricht, die sie an eine fest umrissene Rolle innerhalb des Kreises ihres Clans fesseln wollten, hat sie das Spiel der Liebe aufgenommen, das ihr angeboten wurde, das neuartige Geheimnis, das sie nur wenig kennt, doch dessen wundersame Anziehungskraft sie spürt.

Durch ihre wundersame Geschichte und ihre darauffolgende glückliche Ehe mit Boas wird diese Frau zur

Stammutter Christi, und jedesmal, wenn wir den Anfang des Matthäusevangeliums lesen, erinnern wir uns
ihrer, ihrer Treue und ihrer Liebe, die nicht nach dem
Grund fragt und schließlich Rechtfertigung in Fülle erfährt.

In unseren Exerzitien haben wir lange das Geheimnis
der Prüfung und der Liebe betrachtet. Noch einmal wollen wir die Schmerzensmutter darum bitten, uns noch
tiefer in dieses Geheimnis einzudringen zu lassen.

Wir wollen viel beten, jetzt und in der kommenden
Zeit, einer für den anderen; wir wollen nach der Liebe
verlangen, die nicht sich sucht, die allein Frucht des Heiligen Geistes ist, daß sie uns überreich zuteil werde
durch die Fürsprache Marias und aller Heiligen.

Register der wichtigsten Bibelstellen

NEUES TESTAMENT